Candeias na noite escura

Hermínio Corrêa de Miranda
(Sob o pseudônimo de João Marcus)

Candeias na noite escura

Copyright © 1992 *by*
FEDERAÇÃO ESPÍRITA BRASILEIRA – FEB

5ª edição — Impressão pequenas tiragens – 6/2024

ISBN 978-85-7328-328-0

Todos os direitos reservados. Nenhuma parte desta publicação pode ser reproduzida, armazenada ou transmitida, total ou parcialmente, por quaisquer métodos ou processos, sem autorização do detentor do *copyright*.

SGAN 603 – Conjunto F – Avenida L2 Norte
70830-106 – Brasília (DF) – Brasil
www.febeditora.com.br
editorial@febnet.org.br
+55 61 2101 6161

Pedidos de livros à FEB
Comercial
Tel.: (61) 2101 6161 – comercial@febnet.org.br

Adquirindo esta obra, você está colaborando com as ações de assistência e promoção social da FEB e com o Movimento Espírita na divulgação do Evangelho de Jesus à luz do Espiritismo.

Dados Internacionais de Catalogação na Publicação (CIP)
(Federação Espírita Brasileira – Biblioteca de Obras Raras)

M672c   Miranda, Hermínio Corrêa de, 1920–2013

           Candeias na noite escura / João Marcus (pseudônimo de Hermínio C. de Miranda) – Impressão pequenas tiragens – Brasília: FEB, 2024.

           252 p.; 21 cm – (Coleção Hermínio Miranda)

           ISBN: 978-85-7328-328-0

           1. Espiritismo. I. Federação Espírita Brasileira. II. Título. III. Série.

                                               CDD 133.93
                                               CDU 133. 7
                                               CDE 20.03.00

Nota da editora

Os trabalhos apresentados nesta obra, de autoria de João Marcus, pseudônimo de Hermínio C. Miranda, foram publicados em Reformador, *de 1961 a 1980. Cabe ao leitor o entendimento de determinadas colocações, atentando para a época em que o autor as expressou.*

Sumário

1 Candeias na noite escura 11

2 Carta à mãe católica 15

3 Conversa de lotação 21

4 Libertação espiritual 25

5 Mediunidade reprimida 29

6 Os provérbios na contabilidade divina 33

7 Um rasto de luz na história 37

8 Os obreiros da vinha 41

9 A sutil sabedoria das leis divinas 47

10 Vale a pena suicidar-se? 55

11 Pequena conversa acerca da feitiçaria 61

12 Gaveta de papéis 69

13 Tolerância 77

14 Espíritos madrugadores 83

15 O exercício da mediunidade na igreja primitiva 89

16 A filosofia em processo de revisão 97

17 A lição da água poluída 103

18 *Perfection is not an accident* *107*

19 O grão de areia e a montanha 113

20 O segredo da grande esfinge 117

21 Viver é escolher 135

22 A gazela e a pedra 141

23 O livro da esperança 147

24 Senhor, que queres que eu faça? 151

25 A sabedoria da semente 157

26 Fé – a substância da esperança 161

27 As fronteiras do perdão 167

28 Poluição espiritual 171

29 O evangelho dos "mortos" 177

30 Dormiria o Cristo ou dormimos nós? 183

31 Olho por olho 189

32 O servo não é mais que o senhor 195

33 Somos da verdade?..201

34 Quem sou eu? 207

35 O campo, a ferramenta e a semente..........................213

36 Joana d'Arc segundo Léon Denis.............................219

37 O coral da música divina...233

38 Gradações e degradações...239

39 Terapia homeopata da dor 243

1
Candeias na noite escura

Venho dum tempo em que doces babás, culturalmente despreparadas, mas espiritualmente graduadas nas divinas universidades do amor fraterno, nos contavam histórias — ainda eram histórias e não estórias — singelas, nas quais o bem recebia sempre o seu prêmio e o mal o seu castigo. Em muitas dessas histórias, os heróis anônimos se perdiam pelos caminhos e a noite chegava cheia de terrores, mas tudo acabava bem quando, a distância, o viajante perdido descobria na escuridão um tímido ponto de luz em torno do qual viviam aqueles que o socorreriam.

Buscamos todos a luz. Mais que uma realidade energética no campo da Física, a luz é o símbolo multimilenar do desenvolvimento espiritual. Dela dependemos para ver o mundo que nos cerca e o caminho em que pisamos. Em espírito, buscamos as vibrações superiores do amor — esse grande gerador de luzes fascinantes. E, à medida que a luz se realiza em nós, desaparecem as sombras que nos envolvem e se iluminam não apenas as nossas veredas, mas também os caminhos dos que seguem ao nosso lado. Ainda que o desejássemos, não poderíamos guardá-la somente para nós, egoisticamente: ela se irradia por onde andamos e alcança os outros. Tudo no Universo é solidário, porque vivemos e nos movemos em Deus, como dizia Paulo.

"Ninguém acende a luz e a coloca debaixo do alqueire",[1] ensinava o Mestre. Quanta sabedoria profunda e intemporal nos seus mais singelos pronunciamentos! Que maravilhoso poder de comunicação na sua capacidade de traduzir em imagens tão nítidas o pensamento mais transcendental...

Vejo ainda, com os olhos da saudade, a lamparina humilde da fazenda, colocada no lugar mais alto para que todos a vissem e nunca debaixo do alqueire. Pelas paredes dançavam sombras grotescas, mas nenhuma das sombras chegava perto da luz.

Lembro isso agora, ao verificar que, mesmo a nossa luzinha humílima de principiantes, quanta gente atrai! São os que vêm buscar consolo, principalmente. Os que "perderam" entes queridos, os que sofrem provações incompreensíveis, os que se consomem no remorso. Mas vêm também os que, sem grandes dores, desejam compreender melhor a vida; que não têm remorsos, mas estão vazios de esperança. Quase todos, senão todos, atrasaram-se pelos caminhos e a noite chegou e se fechou sobre eles. De repente encontram aqueles que, sem muito brilho, dispõem, no entanto, de uma candeia modesta. São estes os que se iniciaram nas primeiras tarefas do amor, são os que, tendo ainda tão pouco, possuem já o suficiente para dar, têm em si bastante amor para distribuir em nome do Cristo.

---

[1] Alqueire: antiga medida portuguesa de capacidade variável equivalente, em Lisboa, a 13,8 litros.

É certo que neste crepúsculo dos tempos muitos continuarão extraviados por largo espaço e, infelizmente, não está em nosso poder sacudi-los de sua inconsciência, mas estamos igualmente certos de que não ficarão abandonados à própria sorte, porque Deus vela por todos nós indistintamente. Também a chuva e o sol caem sobre o justo e o pecador, sobre a boa semente e a outra. Que orem por eles os que aprenderam a conversar com Deus, mas aqueles que disponham de uma pequena chama espiritual, ainda que humilde, que cuidem de colocar a candeia sobre o alqueire e não debaixo dele. Não para exibir conhecimentos e alardear virtudes que ainda não temos, mas quem sabe se lá ao longe, na escuridão da noite que nos envolve, algum irmão extraviado não vai enxergar a luzinha e chegar-se exausto e faminto, pedindo pousada, ajuda e carinho. Isso mesmo, daremos na medida das nossas forças e limitações, porque é bom repartir o pouco que temos, "para que a felicidade se multiplique entre nós", como diz Agar na sua linda prece. A felicidade aumenta quando repartida, ao passo que a dor partilhada diminui. Vamos, pois, distribuir a nossa alegria consciente de viver em Deus. Nós sabemos o que somos — Espíritos imortais, temporariamente encarcerados num corpo físico. Sabemos de onde viemos — de um longo rosário de vidas que aprofundam suas raízes na escuridão de remotas idades. Sabemos para onde vamos — para os mundos cada vez mais perfeitos que luzem adiante de nós, nas muitas moradas do nosso Pai.

A mensagem que temos a transmitir é, pois, extremamente simples e fácil de entender. Para muitos é ainda difícil aceitá-la, porque se habituaram demais à opressiva aridez da descrença; lembremo-nos, entretanto, daqueles mais desgraçados para os quais não é apenas difícil aceitar a realidade do espírito, mas é ainda impossível.

Que brilhe, então, a nossa luz humilde, alimentada pelo combustível do conhecimento e da caridade que começa a arder em nós. A hora é de dores, muitas e grandes; de desorientação e desespero; de ódios e crueldades. Hora de ajustes aflitivos e desenganos dolorosos. Mas é também uma hora de revelações maravilhosas, de descobertas memoráveis, de conquistas deslumbrantes, de oportunidades raras se, com muito amor e humildade, procurarmos em nosso próprio território íntimo o rastro luminoso que o Mestre de todos nós deixou em nós. Há séculos que ouvimos a sua palavra, repetida insistentemente. Há séculos que muitos de nós a pregamos à nossa maneira, obscurecida pelas paixões e incompreensões que nos toldam a visão. É chegado o tempo de fazê-la florescer e frutificar. É, assim, muito bela a tarefa que temos diante de nós, os que começamos a soletrar o bê-á-bá do conhecimento espiritual: incumbe-nos a responsabilidade e a alegria de transmiti-lo, proclamando aos quatro cantos da Terra que somos Espíritos sobreviventes a caminho de Deus. E que, por estranho que pareça, Deus está também em nós. "Vós sois deuses!", dizia Jesus. Que brilhe a nossa candeiazinha humilde que não ilumina mais que uns poucos palmos à volta. Há irmãos tão desesperados que anseiam até mesmo por essas migalhas de luz.

Um dia seremos um clarão de amor fraterno, tal como nos quer o Príncipe da Paz.

2
Carta à mãe católica

Querida mamãe: Esta carta contém uma terrível confissão: tornei-me espírita. Chamo-lhe confissão porque expressa minha convicção mais íntima, profunda, meditada e sofrida; chamo-lhe terrível porque sei quanto vai feri-la também, íntima e profundamente. Conhecendo, como conheço, sua inabalável fé católica, sei que, para a senhora, é como se perdesse o filho amado, que se precipitou irremediavelmente nas chamas do inferno.

Sei que sua religião — que foi também minha, desde o berço até bem adiante na vida — condena, sem remissão, aquele que lhe volta as costas. Mas sei também que a senhora é honesta e convencidamente católica e concordará comigo em que caberá a Deus julgar e não às organizações religiosas do nosso mundo imperfeito.

A senhora tem uma bela religião, inspirada que foi na fonte comum do Cristianismo. Outras religiões também foram ao Cristo para beber inspiração e traçar novos roteiros aos homens, mostrando-lhes os caminhos de Deus.

Sua religião é bela pelo seu conteúdo moral e espiritual, pela importância de sua contribuição à civilização, pelos grandes Espíritos que povoam sua galeria, desde os vultos que se tornaram universais até o pároco anônimo, mas profundamente humano, que orienta meia dúzia de almas no seu modesto rebanho.

Respeito todas as suas crenças; no entanto sua religião, como todas as demais, tem um conteúdo espiritual de origem divina e um continente de tosca fatura humana. Se a examinarmos de perto, veremos que o conteúdo continua puro e luminoso, pois eterna é a sua substância, e sua concepção independeu da vontade do homem; mas veremos, também, que o vaso que o contém é defeituoso e imperfeito como toda obra humana.

Por melhores que fossem as intenções da sua religião — e muitas, infelizmente, não o foram —, muitos dos Espíritos incumbidos de ajudar a fazer o vaso não viram bem claro os planos do Senhor e cometeram falhas, na ilusória esperança de que estavam criando medida de autodefesa contra futuros inimigos da nova fé. E, assim, tudo se petrificou na imobilidade assustadora dos dogmas. Mais ainda: a precaução foi inútil, porque Deus, na sua sabedoria infinita, não quer deixar que as coisas permaneçam estáticas. Toda a Natureza vibra, se move, evolui, nasce, morre, emigra e renasce. Por que haveria Deus de permitir que no meio de tanto movimento só um corpo doutrinário permanecesse inerte, estacionário, contraditando suas próprias Leis?

Se o próprio Cristo aqui veio para modificar, ampliar e dar nova vida a um corpo doutrinário anterior... E note bem: Ele não veio destruir, Ele veio executar um dos cânones da Lei Divina, que é a evolução. Retomou a doutrina morta no ponto em que estava e soprou-lhe novamente a vida.

Para isso foi preciso pregar, curar, dar exemplos, sofrer e morrer. Ainda assim, até hoje o negam, o espezinham e o desprezam, até mesmo em nome dos princípios morais e filosóficos que Ele pregou.

De modo que respeito sua fé. O Catolicismo tem prestado grandes serviços e continuará certamente a prestá-los, todas as vezes em que prevalecer em suas obras a substância divina que nele se contém, todas as vezes em que subir às culminâncias de Francisco de Assis, por exemplo. Outros grupos religiosos prestam, igualmente, grandes serviços de natureza espiritual, pois o que importa, substancialmente, não é o rótulo da nossa crença religiosa, é a própria crença e o grau de caridade que ela é capaz de instilar em nossos corações. Desde que seja pura e honesta, sincera e humilde, Deus certamente nos receberá em seus braços um dia, porque seu maior Emissário nos garantiu que nenhuma de suas ovelhas se perderia.

Por tudo isso respeito sua fé e rogo a Deus que a ajude a compreender, no devido tempo, o passo que ora dou.

Sei que a senhora pensará neste momento, a ler confusa e desgostosa estas linhas: "Coitado, o demônio o arrastou para as hostes do mal." Ensinaram à senhora que o Espiritismo é obra do demônio, que comanda, poderoso e invencível, todos os fenômenos espíritas.

Digo-lhe eu agora, com a maior pureza na minha intenção: o *demônio* fez no meu caso (e em inúmeros outros) obra magnífica. Por quê? Porque me retirou das trevas impenetráveis da descrença e me arrastou para a luz da fé. Digo arrastou e digo bem, porque reagi e resisti enquanto me foi possível. Educado como fui — a senhora o sabe —, no mais profundo horror à luminosa Doutrina dos Espíritos, li os primeiros livros tomado de sobressaltos e temores.

Mas, se não me restava nada da antiga fé, pensava eu, que mal poderia haver em que eu continuasse a procurar, alhures, lenitivo para as minhas dúvidas? Sim, porque eu duvidava; mais que isso: eu descria.

Verificara, na idade ingrata do raciocínio, que não poderia salvar minha crença da meninice, pois seus destroços nadavam esparsos pelo mar do desencanto. No princípio, sentira um alívio tolo, como que desobrigado de compromissos éticos e religiosos. Era livre, era superior a toda aquela massa ignara que cria. Mas os anos foram volvendo e comecei a duvidar também da minha descrença.

A senhora sabe que o homem é essencialmente Espírito e de lá, de onde vem, ele traz a intuição de Deus. Trazendo no fundo do ser uma fagulha emanada de seu Criador, como pode ele subsistir sem Deus e passar pela vida indiferente, sem a crença naquele que o criou e o conduz? Poderá teimar ingenuamente, como uma criança perdida, e nem por isso Deus o abandonará.

Deixe-me contar-lhe uma parábola.

Disse uma criança a seu pai: "Pai, você não existe." Respondeu-lhe o pai, condescendente: "Não? Por que você acha que eu não existo?" — "Porque você é absurdo. Porque não posso compreendê-lo. Como é possível você ter existido antes de mim? Como é possível você saber, por exemplo, que aquela floresta escura me reserva perigos e sofrimentos? Quem lhe ensinou as coisas que você sabe? Quem o fez? Não. Você não existe."

E, para prová-lo, quis atravessar a floresta na escuridão da noite. Iria sozinha, que nada a assustava. E foi. Mas o pai, que a amava, foi à sua frente; colocou sinais pelo caminho; abriu-lhe até algumas picadas e poliu a face da Lua para que ela iluminasse um pouco as veredas.

Lá se foi a criança. No princípio estava alegre, sentia-se forte e independente. Era dona de sua vontade, não teria que prestar contas a ninguém do que fizesse. Esqueceu-se até do pai. Depois começou a sentir-se muito só, a caminhar solitária pelas veredas. E, absurdamente, começou a ter saudade do pai e começou a notar que sua mão bondosa andara por ali a espalhar sinais de sua presença. Removera uns espinhos daqui; tirara uma pedra dali; deixara um pouco d'água fresca acolá. E como é que a Lua, perdida nas nuvens, brilhava agora tão intensamente no céu? Teria sido o pai que lhe aumentara o brilho? Era sim, desconfiava ela. Sentia isso agora, perfeitamente, com nitidez. Então, o pai existia, era bom e a amava. Foi só o tempo de pensar assim e sair do outro lado da mata. Lá estava o pai, à sua espera, com o amor sublimado de sempre. A criança caiu a seus pés, beijando-lhe as mãos, lamentando o tempo que perdera na mata escura, extraviada, sofrendo inutilmente para provar a si mesma que seu pai não existira. Esquecia-se a coitada de que, se conseguisse prová-lo, teria provado que ela também não existia. Que faria então?

Aí está a história. Aqui estou eu, humildemente, aos pés do Pai, sempre que posso, em cada momento da minha vida, para agradecer-lhe as bênçãos incontáveis que sobre mim tem derramado generosamente. Aqui estou, dentro de minhas limitadas forças, lutando como posso contra minhas imperfeições que são muitas e meus erros que são inumeráveis. Aqui estou a seus pés a implorar-lhe que me ajude, iluminando cada vez mais meu entendimento e meus caminhos, inspirando-me pensamentos e atos nobres, fortalecendo-me na prática da caridade. Aqui estou a lhe pedir coragem e inspiração para que, por minha vez, possa ajudar os filhos que Ele me confiou, orientando-os na senda do bem. Aqui estou para agradecer acima de tudo o ter Ele permitido que voltasse ao mundo por intermédio da senhora, que, colaborando na sua obra, ajudou a formar meu corpo físico e tanto contribuiu, com a nobreza de seu caráter, para reformar meu espírito nesta peregrinação. E me sinto tranquilo e feliz tanto quanto pode sê-lo a criatura imperfeita que ainda somos, porque creio, porque sofro e luto e aprendi a orar. Estou feliz porque a minha fé renasceu fortalecida, imune aos embates da razão, porque a própria razão a ilumina.

Quero, pois, pedir à senhora que não se preocupe comigo. Algum dia, com a graça de Deus, nos encontraremos em outras condições, desembaraçados deste tosco invólucro material e conversaremos sobre estes e outros problemas. Estou certo de que lá encontraremos também muitos e muitos amigos que, levados por injunções várias, foram espíritas, protestantes, judeus, católicos ou budistas. E a senhora não mais se admirará, porque saberá então que a Deus não importa de onde vem a prece que sobe até seus pés: o que lhe importa é a fé que a sustenta, o que lhe importa são as obras que o iluminam. Mesmo porque, sem as asas poderosas da fé, a prece não chegaria sequer a esvoaçar naquelas alturas inconcebíveis ao espírito humano. Levada pela fé, no entanto, lá chegam nossos agradecimentos e nossos pedidos, seja qual for a igreja de onde oramos, porque, ao criar seus filhos, Ele não os separou irremediavelmente em seitas, raças, nações e castas: Ele apenas os criou simples e perfectíveis, como ensina a boa Doutrina. E lhes deixou abertos os caminhos, para que cada qual tivesse o mérito de suas descobertas, de suas vitórias e de sua paz espiritual.

Deus guarde, ilumine e assista sempre seu bondoso espírito, que pesada tem sido sua cota de sofrimentos e angústias.

Abençoe, em nome do Senhor, seu filho na carne e irmão em espírito.

João

3
Conversa de lotação

O casal, no banco de trás, conversava sobre o velho problema da habitação. Eram ambos maduros e haviam, por certo, chegado àquele estágio da vida em que, sem haverem conquistado a opulência, possuíam o suficiente para uma existência confortável.

Dizia ele que precisavam definir-se. Na hipótese de acharem que não valia a pena comprar o novo apartamento, então cuidariam de reformar o velho e transformá-lo em habitação mais condigna. Não; o apartamento no Leblon, madame não o queria; era muito distante da cidade.

— E que tem isso? — perguntou o marido. — Você só vai à cidade uma vez por mês...

— Não tem importância. Não é só por mim, é por você também que vai todos os dias.

Vistos e discutidos os autos, no final da conversa prevaleceu a ideia de uma reforma no atual apartamento. Ele declarou que chamaria um profissional competente para fazê-la, e não um simples "curioso".

E daí o assunto morreu e passaram a outro.

A conversa que, involuntariamente, eu presenciara na minha condição de vizinho de banco me deixou a pensar.

Será que o casal tão simpático cuidava com aquele mesmo interesse da futura habitação no lado de lá da vida? A pergunta tem certo cabimento. Muitos de nós, distraídos na rotina da existência material ou até mesmo sufocados e iludidos pelas suas aparências, deixamos passar, no tumulto dos dias que correm, excelentes oportunidades de meditação e preparo do destino que nos espera no Além.

Não digo que se deva abandonar o cuidado das coisas desta vida. Ao contrário; nada impede que, por meio do trabalho honesto e constante, conquistemos algum conforto material, sem luxo, sem exageros. Mas também não vamos subordinar as coisas do Espírito, que são permanentes, às do mundo físico, que são transitórias, fugidias e enganadoras.

Nada mais sábio, pois, que não deixemos perder de vista o estudo da feição que desejamos dar à nossa vida futura. Sim, porque poderemos, seguramente, *criar* nosso futuro ambiente na espiritualidade, *escolher agora* os amigos que vamos encontrar lá, *decidir agora* se preferimos descer às esferas de angústia e sombra ou subir até aquelas onde reinam a paz, o amor, a harmonia e a luz. Basta estudar com atenção e praticar, com inteira convicção e abandono de si mesmo, as normas sublimes do Evangelho de Jesus. Não o Evangelho obscurecido, mas libertado das interpretações deformadas que os homens lhe emprestaram. Temos que buscar a palavra do Mestre na pureza original de sua fonte viva, lembrando-nos sempre de que Ele não instituiu dogmas nem pregou a intolerância — limitou-se a ensinar e exemplificar o amor e a caridade. Em sua magnífica pregação, colocou a fé legítima e o puro exercício da caridade acima de seitas e tendências pessoais. Dentre os inúmeros exemplos, basta lembrar a *Parábola do bom samaritano* que, sem ser um purista ortodoxo, socorria, penalizado, o pobre ferido na estrada deserta, enquanto o homem, no qual se presumia a observância da lei, passava indiferente. Ou aquele episódio — tão belo! — em que o centurião romano declarou humilde: "Senhor! não sou digno de que entres em minha casa. Dize apenas uma palavra e meu servo será curado." Lembram-se da observação de Jesus? "Jamais encontrei tanta fé em Israel", disse Ele.

Estas são ideias que nos ajudam a planejar o nosso futuro lar espiritual. O pensamento tem uma tremenda ação criadora, como temos visto, não somente em livros espíritas, como na literatura inspirada na Psicologia moderna. Assim como o trabalho contínuo e produtivo cria para nós condições para conquista de um teto material, o trabalho constante da caridade, do estudo, do aperfeiçoamento moral, da luta permanente, sem tréguas, contra os nossos defeitos, lança os alicerces da nossa residência espiritual. Esse programa é condição básica, se é que, de fato, aspiramos a palmilhar o caminho da evolução. Como teremos fatalmente que deixar este mundo — às vezes mais cedo do que esperamos —, é bom que tratemos do planejamento da vida futura, cujas condições são decididas aqui mesmo pelas nossas ações. Não nos restará nem mesmo o recurso daquele amável casal do lotação que, na hipótese de não se mudarem para o novo apartamento, poderiam sempre reformar o que já possuíam e fazê-lo mais confortável. Em nosso caso pessoal, teremos que mudar mesmo, deixando entregues, à terra amiga e generosa, o nosso velho "apartamento" somático, que não mais serve à sua nobre função de sustentáculo material do Espírito e de seu instrumento de trabalho neste planeta.

Vamos, então, planejar *agora* nossa futura habitação espiritual, escolhendo como roteiro sublime o ensinamento insuperável de Jesus e a obra lúcida de Allan Kardec e seus continuadores.

4
Libertação espiritual

Às vezes me preocupava o mecanismo das leis cármicas. Pensava eu que a série de ações e reações se estendesse em espirais infinitas pelo tempo afora. E isso me parecia contrário à ideia que sempre formulei da Justiça divina.

Se ontem, num momento infeliz de desvario, estrangulei um irmão, alguém teria que me estrangular no futuro, para que se cumprisse a Lei. Mas o novo crime haveria de gerar, fatalmente, uma nova reação, abrindo outro ciclo e assim por diante, *ad infinitum*. De mais a mais, não havia, também, a dureza do "olho por olho, dente por dente"?

Acontece, porém, que as Leis divinas são muito mais sábias e perfeitas do que sonhamos. Ao descer até nós, vindo das mais elevadas esferas espirituais, o Divino Mestre nos trouxe a mensagem da verdade suprema da vida — o amor. E como Ele próprio dizia, não vinha destruir a Lei, mas fazê-la cumprir. Não se alterava a substância dos postulados cármicos; ficavam eles, porém, esvaziados do seu conteúdo de inexorabilidade para adquirirem o suave colorido da reparação.

Ensinava o Amigo Sublime que só uma atitude poderia quebrar o círculo vicioso: o amor. Na verdade, colocou tão alto o conceito e a prática do amor entre as criaturas que fez disso a nota dominante, o tema, o *leitmotiv* de toda a sua insuperável pregação. A certa altura da vida, com o poder de síntese e de acuidade de que era dotado, no mais alto grau, como se quisesse deixar, numa só ideia, toda a sabedoria da vida — disse simplesmente: "Amai-vos uns aos outros, como eu vos amei." Já meditou o amigo leitor, com seriedade, na beleza e na profundidade daquela simples frase? Ela contém, não somente o mandamento supremo da Lei — que séculos antes havia sido transmitido a Moisés —, como também a afirmação de que Ele, o Cristo, viera demonstrar e praticar a verdade do amor e não somente pregá-la. Aqueles que vivessem tal filosofia da vida estariam cumprindo a lei e seguindo os ensinos revelados pelos profetas ao longo dos tempos.

Estava o Mestre oferecendo, a cada um de nós, os recursos necessários para que nós mesmos nos libertássemos das imposições do "olho por olho".

Bastava amar. Quando nos pedissem para caminhar mil passos, caminhássemos mais dois mil por nossa conta. Se nos batessem em uma face, oferecêssemos a outra. Era lícito perdoar sete vezes?, perguntaram-lhe. Não sete, mas setenta vezes sete, foi a resposta.

Aí está o ponto em que se quebra a corrente cármica, se o desejarmos: na prática do amor e do perdão. Bem sabemos que é mais fácil falar que praticar, enquanto estivermos contidos pela nossa imperfeição, mas se perdoamos àquele que em nós feriu a Lei e o ajudamos a recuperar-se, estaremos, por nossas próprias mãos, partindo o círculo de ferro. Se ainda não atingimos a perfeição moral de oferecer a outra face, caminhemos pelo menos a outra milha, os outros dois mil passos, para oferecer a nossa prece em favor daquele que nos ofendeu. Esse gesto talvez represente, nas telas infinitas do tempo, o progresso e a libertação de irmãos aos quais provavelmente devemos tantas outras reparações.

Graças a Deus, a despeito dos desacertos da época em que vivemos, há bastante beleza moral neste mundo. Muitos Espíritos se deixaram impregnar de tal forma por esse perfume de amor e perdão que imprimiram a marca de sua passagem na História.

Francisco de Assis, num transbordamento de amor incontido, pregava tanto aos homens como aos humildes seres da Criação, procurando atrair todos para a luz. Tereza d'Ávila, em transportes de amor sublimado pelo Mestre, vivia entre este mundo e o outro. Joana d'Arc, sob a pressão desencadeada do poder terreno, não cessou de amar e perdoar. Gandhi, na fragilidade física, era um gigante de força espiritual e moral no seu amor pacifista pelos irmãos deserdados. Albert Schweitzer, mergulhado no coração da selva africana, cura, ensina, educa, ampara, sem outra paga que a satisfação de exercer o amor pelo ser humano.

Conhecemos, pois, o caminho da recuperação, aquele que leva para o Alto. É preciso rogar forças para que saibamos segui-lo; pedir a Jesus que nos amplie a capacidade de amar e compreender. Não que essa atitude seja de passividade inútil. Não. Amar, no mais puro sentido, é um programa de ação, é um roteiro de lutas, porque implica, em primeiro lugar, o combate ao nosso comodismo e às tendências egoísticas, incrustadas em nosso espírito por milênios. Esse egoísmo cego talvez fosse necessário quando, na meia-luz da consciência que despontava em nosso ser, nos distantes períodos encarnatórios, ainda não sabíamos que a vida continua depois da morte.

Vivíamos, então, agarrados ferozmente ao corpo físico e às coisas da matéria, e por ela lutávamos, matávamos e roubávamos. Hoje não. Iluminados pela verdade superior, sabemos que o corpo é mero instrumento — e dos mais nobres — de trabalho e de evolução e, por estranho que pareça, quanto mais trabalhamos para os outros, mais realizamos para nós mesmos. Vemos, assim, que o egoísmo se sublimou numa forma superior de sentimento, pois que, por amor a nós mesmos e ao nosso progresso espiritual, somos levados a amar os outros. Então, isto tudo não é belo e maravilhosamente perfeito?

E quando dizemos que o amor é um programa de trabalho e de luta é porque temos que exercê-lo ativamente, esclarecendo, pelejando contra o erro, ajudando aos que precisam de ajuda, tolerando, enfim, porque essa é a lei que nos oferece a chave da libertação.

5
Mediunidade reprimida

O jovem estava em crise. Marido e pai, desfrutando razoável posição na vida, sentia-se, no entanto, sob permanente e insuportável tensão. Andava agitado, cheio de vagos e desconhecidos temores que, não obstante, eram reais. Impossível definir o que se passava com ele. Nem os médicos o sabiam; limitavam-se a experimentar tratamentos mais ou menos empíricos, enquanto o estado do rapaz se agravava sempre.

Um dia um amigo espírita lhe perguntou o que sentia. Sua informação era tumultuada, pois ele próprio não saberia descrever muito bem o seu estado. Parecia um joguete de forças desconhecidas e antagônicas. Suas mãos tinham a permanente frigidez da morte; o que mais o inquietava, porém, era aquela persistente ideia de suicídio. Não conseguia livrar-se dela. Certamente que nos instantes de recolhimento lutava bravamente contra a tentação avassaladora. Possuía família para cuidar. O suicídio era um recuo covarde diante das responsabilidades da vida. Não tinha o direito de deixar os seus sem a proteção material do produto do seu trabalho. Com certeza pensava, então, na situação dramática da esposa, que o gesto impensado, num momento de fraqueza, poderia transformar em viúva. Numa hora dessas é bom ter uma crença religiosa, deixar o espírito subir até os pés de Deus numa prece reconfortante da criança aflita que implora a ajuda do Pai Supremo. A questão é que suas crenças também eram vagas e sem substância. Caíra praticamente prisioneiro de si mesmo e, na ebulição dos seus pensamentos conturbados, só via uma saída para a liberdade: o suicídio. Seria tão fácil fugir de tudo, aniquilar-se, dissolver-se no nada. Pelo menos era o que pensava...

Parentes e amigos, preocupados com seu estado d'alma, vigiavam-no, colocando fora do alcance de suas mãos tudo quanto pudesse servir de instrumento para cortar o fio da vida. Era preciso, porém, um pouco mais que isso. Para começar, antes que fosse muito tarde, o amigo espírita lhe deu uma sugestão:

— Tenha calma e passe aqui amanhã, pois lhe trarei um livro. É um livrinho pequeno, que você poderá ler em poucas horas, mas estou certo de que lhe fará um grande bem.

Trouxe-o, e o rapaz veio buscá-lo pontualmente como havia prometido. O amigo preveniu que o livro era editado pela Federação Espírita Brasileira, mas, qualquer que fosse sua filiação religiosa ou sua descrença, que lesse a obra, impessoalmente, como se lê uma novela. Chamava-se o livrinho *O martírio dos suicidas*, pois que o principal, naquele momento, era mostrar ao jovem que estava à beira de um abismo que, de forma alguma, deveria atirar-se nele movido pela ilusão da libertação. Quer queiram ou não os descrentes, a vida continua do outro lado, embora não mais possamos dispor deste pesado corpo físico.

Dias depois, voltou para devolver o livro já lido. Sentia-se melhor, por certo. Havia despertado nele um certo senso de responsabilidade, pois que estava esclarecido quanto às consequências do seu impensado gesto. Sentia-se mais calmo, mas não se livrara de todo da tensão nervosa. Seu coração ainda permanecia algo oprimido e mergulhado em sombras. Em todo caso, como a crise maior estava superada, sentia-se mais lúcido para pensar e tentar reorganizar sua vida. Não havia razão aparente para o desequilíbrio que o ameaçava.

O amigo espírita, porém, desconfiava que no fundo de tudo aquilo jazia, comprimida e reprimida, certa mediunidade nascente, buscando expressão, procurando escoar-se naturalmente. Perguntou ao jovem se havia buscado assistência em alguma organização espírita autêntica. Não.

— O senhor poderia sugerir-me alguma?

Sim, podia. Uma amiga conseguiu-lhe o endereço e as indicações necessárias.

Os dias se passaram. O amigo espírita não se esqueceu de suas preces pelo jovem atormentado, que um belo dia lhe apareceu novamente no local de trabalho. Não era mais o moço agitado de olhar aflito, mãos geladas. Sua fisionomia irradiava a serenidade que tanto buscara. Irmãos prestimosos do Espaço ajudavam-no a recuperar-se. Tal como suspeitava o amigo espírita, o moço tinha a mediunidade em semente, avisaram-no disso os irmãos desencarnados. Precisava trabalhar, orar e estudar. Não era mais o mesmo homem. Calmo, feliz, declarava sorridente que a paz retornara ao seu ambiente doméstico, para grande surpresa da esposa. Apenas por dever, comunicou-se com o médico: não precisava mais dos seus serviços, muito obrigado. Como? Não sabia: o certo é que estava completamente bom. Nada de mania de suicídio, nada de inquietações misteriosas. Voltara a falar em Deus e a falar com Deus, no silêncio de sua prece.

Agora, semanalmente, procura o seu centro de reabilitação, onde vai buscar luz e paz, retomando o caminho de sua evolução espiritual. Nasceu dotado de dons mediúnicos e precisa cuidar deles, em seu próprio benefício e em benefício dos que o cercam.

No entanto, o amigo espírita, a quem Jesus concedeu a graça de poder ajudar o irmão em dificuldade, sentiu-se com suficiente coragem e autoridade para dizer-lhe mais algumas palavras. Primeiro, de estímulo e de satisfação. Depois, de orientação e cautela. A força que o moço tem em si é grande e poderosa; tanto pode ser empregada no sentido do bem como no sentido do mal. Sua responsabilidade, pois, é muito séria. Não se aventurasse por veredas desconhecidas. Buscasse ajuda de quem pudesse encaminhá-lo. Reestudasse, mais a fundo, o texto dos grandes livros de Kardec, a começar por *O livro dos espíritos* e *O livro dos médiuns*. O resto viria a seu tempo. Acima de tudo, porém, era preciso orar. A prece cria vínculos sagrados com as forças superiores do bem e, qual delicada teia de luz, transfere-nos, a salvo, por cima de abismos insondáveis. "Vigiai e orai", dizia o Mestre. E quem teria maior autoridade para dizê-lo senão aquele que, nos seus transportes espirituais, em todos os momentos de sua vida terrena, esteve em constante intimidade com o Pai?

6
Os provérbios na contabilidade divina

Não sei se o leitor amigo já teve oportunidade de deter-se no exame de algumas expressões e ditos que nenhuma justiça fazem à ideia sublime de Deus.

Uma delas é aquela que diz que "pagam os justos pelos pecadores". Jamais o justo pagará coisa alguma em lugar do pecador. Não há quem pague o que não deva. Aquela concepção inexata dos fatos somente pode decorrer do desconhecimento total da doutrina reencarnacionista. Quando assistimos, na vida terrena, ao sofrimento da criatura boa, caridosa e justa, estamos certos de que ela está resgatando faltas antigas, de suas existências anteriores, a não ser naqueles casos mais raros em que o Espírito encarnado, embora altamente evolvido, escolheu livremente missão de sacrifício para ajudar irmãos e companheiros que ainda se demoram no erro.

Da mesma forma, quando o sofrimento e a angústia nos atingem, o primeiro impulso é lamentar em altos brados: "Que fiz para merecer tamanha desgraça?" Muitos irmãos menos esclarecidos duvidam da Justiça Divina que, no entender deles, condena e aplica penalidades em seres aparentemente desprovidos de culpa. Mas que sabemos nós do que fizemos de errado através da série enorme de vidas que vivemos? A dor que nos atinge é, pois, o sinal da redenção. Se pagamos é porque devemos, de vez que, na contabilização minuciosa dos nossos atos, nenhuma ação ocorre sem a correspondente reação. O sofrimento deve, assim, ser recebido com humildade, com gratidão, com firmeza, porque é a única moeda com a qual conseguimos resgatar nossos compromissos, de há muito vencidos nos refolhos da Lei. Quanto mais cedo nos quitarmos com nossos credores, mais cedo poderemos desfrutar da suprema alegria da paz espiritual.

Outros ditos existem, forjados talvez por alguém que não tinha ainda a visão muito clara de certas leis da vida e da vontade do Pai. De outra forma, não se diriam coisas como esta: "Deus dá nozes a quem não tem dentes", ou esta outra: "Deus dá asas a quem não sabe voar". Além de pressuporem a existência de um Deus vingativo e maldoso que se diverte em suprir de nozes a quem não tem dentes para mastigá-las, ou asas a quem não pode utilizá-las, esses provérbios revelam absoluto desconhecimento das leis cármicas.

Se hoje temos nozes e não podemos comê-las para matar a fome que nos devora as entranhas, é porque ontem, num passado que se perde na poeira dos séculos, muita fome e muita miséria fizemos sofrer a pobres irmãos nossos. É porque tínhamos demais e não soubemos dar. É porque nem mesmo a migalha das nossas mesas atirávamos aos infelizes lá fora. É porque, enceguecidos pelo egoísmo da matéria, comíamos nossas nozes regaladamente, à vista da criança faminta. Se hoje não voamos com as "asas" que temos, é porque noutras eras voamos para os abismos do crime e da miséria moral, em vez de nos alçarmos às esferas de luz e de amor. De mais a mais, a punição e o sofrimento não vêm das mãos de Deus; nós mesmos os criamos, como contrapartida irrecusável ao praticarmos nossos erros. O equilíbrio no balanço da vida só se obtém por partidas dobradas, tal qual ensinam as normas clássicas da Contabilidade. A falta que cometemos contra o irmão fica debitada à nossa conta e, simultaneamente, creditada a uma conta a resgatar, em futuro próximo ou longínquo. Da mesma forma, o gesto de caridade e amor, de perdão e ajuda, escritura-se, com larga bonificação, a crédito de nossa conta-corrente, representando, do outro lado, lucro líquido e certo em favor do nosso desenvolvimento espiritual, superávit cambial divino com o qual resgatamos dívidas morais.

Já Lavoisier dizia que nada se perde, tudo se transforma. O sábio, no entanto, reportava-se a leis materiais. Poderíamos estender seus conceitos às leis morais, pois que nenhum gesto de bondade e de amor se perde no vazio. A cada um deles corresponde uma compensação, muitas vezes superior ao mérito da ação que praticamos. Igualmente, nenhum gesto de crueldade se perde. Sendo, como é, uma atitude negativa, cria uma espécie de *molde* espiritual que um dia será utilizado contra nós mesmos. Assim, se nós próprios criamos nosso futuro de dores, preferindo livremente o mal, por que atribuirmos a Deus sentimentos mesquinhos de vingança e de castigo?

Outro provérbio invigilante é este: "Parentes são os dentes, mesmo assim mordem a gente". Além da rima forçada, essa frase também revela desconhecimento da sábia lei da reencarnação. Os parentes que temos nesta vida são os que merecemos de acordo com o grau de evolução espiritual que atingimos. Algumas vezes, nós mesmos escolhemos a família no seio da qual desejamos renascer. De outras, os nossos compromissos com a Lei são tão sérios que nossos mentores nos trazem caridosamente para o meio que melhor atenda ao nosso desenvolvimento. Assim, o antigo assassino recebe como filho aquele de quem noutra existência roubou a vida. Os inimigos irreconciliáveis nascem sob o mesmo teto, muitas vezes como irmãos gêmeos, para reaprenderem a lei do amor, da tolerância, da cooperação. O filho inválido, do qual somos obrigados a cuidar, foi talvez aquele que sacrificamos em passadas existências. O parente transviado, que tantas angústias e sobressaltos hoje nos causa, não seria aquele que nós mesmos ajudamos a transviar em vidas pretéritas?

Vemos, assim, que os parentes não mordem a gente, como diz o ditado, apenas se congregam em torno de nós para que juntos aprendamos a nos amparar, sofrer e caminhar. Entendemos, com os mestres do Espiritismo, que não pode haver felicidade, nas sublimes mansões do Espaço, para aqueles que deixaram pais, irmãos, filhos, parentes, em geral, ainda presos ao cipoal do erro. Nós mesmos, embora já conscientes de algumas leis superiores da vida, quanto ainda não precisamos evoluir para alcançar aqueles que lá de cima velam por nós, esperam por nós e sofrem por nós? A família é, pois, um grupo que caminha, oferecendo mútuo amparo, revezando-se aqui na Terra e no Além, uns na carne, outros em espírito. Por quê, então, o dito amargo de que *mordem a gente*?

Meu caro amigo: vamos começar a desfazer esses provérbios malformados e mal-informados?

7
Um rasto de luz na história

Com a divulgação cada vez mais ampla da nossa Doutrina, encontramos espíritas esclarecidos e convictos em todos os níveis sociais e sob todas as condições econômicas. Isso é bom e vem demonstrar que a pregação, sem alardes, do Espiritismo vai atingindo o coração da criatura humana, onde quer que ela esteja, desde o apartamento luxuoso até o humilde barraco na favela. E o homem ou a mulher, tocados por esse conhecimento superior, compreendem perfeitamente que a riqueza ou a pobreza, a posição social elevada ou humilde são condições transitórias decorrentes do funcionamento da lei cármica. Essa lei, por sua vez, se utiliza sabiamente do mecanismo eficiente da reencarnação para ajustar e corrigir, permitindo, assim, que a criatura possa avançar na senda do progresso moral e espiritual.

As diferentes condições de vida oferecem certas sutilezas sobre as quais convém meditar um pouco. Temos responsabilidades muito sérias na administração dos bens materiais ou espirituais que nos foram confiados.

Seria muito cômodo pensar que somente os pobres, os doentes, os aleijados e os feios vivem existências de provação. Nada disso. Passam também por provas bem duras e difíceis os ricos, os sadios, os donos de perfeição física, os belos. Quantos de nós, que numa vida tenhamos enfrentado com galhardia e coragem a prova da pobreza, não acabamos por sucumbir à da opulência? É muito comum o rico fraquejar diante de seu ouro e achar que tudo pode ser comprado — até mesmo uma situação confortável no mundo espiritual depois da morte. É comum pensar que o dinheiro e os bens que possui sejam de fato *seus* para todo o sempre, quando, ao contrário, são meros empréstimos que as Leis divinas lhe concederam por algum tempo.

Da mesma forma, a criatura bela experimenta a prova da beleza, bem efêmera e perigosa ao desenvolvimento do Espírito. Encontramos sempre na vida a moça bela, cortejada, admirada, cujos desejos são ordens para aqueles que a cercam de atenções. Ela está simplesmente administrando um bem transitório, que é a sua beleza física. Com a velhice, desaparecem os traços que tanto encantaram e vêm as rugas consideradas antiestéticas.

Ainda mais: na existência seguinte pode renascer feia, miserável e defeituosa, se nesta não soube conservar o espírito acima das ilusões da matéria.

E os que temos saúde? Será que sempre utilizamos esse bem com sobriedade e correção? E aqueles que têm inteligência, cultura ou capacidade mediúnica?

Assim, todos nós constituímos uma comunidade de seres que numa vida poderá estar no tope da escala social e na seguinte poderá renascer lá embaixo, ou vice-versa. É a lei de ação e reação, corrigindo-nos — quase sempre contra a nossa vontade consciente — em benefício de nós próprios.

Conhecedor dessas leis, o espírita deve, sempre que possa, proclamar sua condição, sem se preocupar tanto com os reflexos que sua confissão possa ter em sua posição social ou econômica. Não há necessidade de esconder a crença espírita somente porque eventualmente alguns de nós nos encontramos em posição de certo relevo. Antes, pelo contrário, há vantagem numa atitude corajosa e leal, declarando-se espírita aquele que o for. De certa forma, o homem ou a mulher que conquistaram posições sociais elevadas, por direito de herança ou em consequência de esforço pessoal, despertam a atenção e a admiração de seus semelhantes. Não fosse isso, não haveria tanto interesse pelas biografias de pessoas célebres. Gostamos de nos mirar no espelho das grandes vidas para descobrir nelas o que de útil elas contêm e que possa também servir a nós.

A pessoa de elevada posição no mundo material e que não faz segredo da sua condição de espírita pode influenciar positivamente irmãos indecisos. O raciocínio é muito humano e frequentemente nos ocorre: "Se fulano, dono de tanta cultura e saber, tão moralizado e bem situado na vida, é espírita, é porque o Espiritismo deve conter algo de sério que vale a pena estudar" (E tem mesmo!).

Não é necessário sair apregoando em cada esquina sua condição, mas entendemos salutar, ao movimento espírita e ao próprio indivíduo, que este não fuja ao testemunho de declarar firmemente sua posição, quando se oferecer a oportunidade.

É bem certo que tal atitude poderá acarretar algum embaraço, pois que nem sempre é fácil enfrentar, com serenidade, a intolerância, mas já não seremos atirados às feras nem às masmorras da Inquisição. É bem claro que vivemos numa sociedade onde predominam preconceitos religiosos, filosóficos e científicos que nos são mais ou menos hostis. Mas nada existe aí de novo ou excepcional. A história do Cristianismo está forrada de episódios semelhantes. Abrigada e cultivada por um reduzido núcleo minoritário, a doutrina do Cristo teve que lutar sem descanso para implantar-se no seio de uma sociedade na qual a verdade tinha aparências de inconcebível loucura.

Leiamos os romances de Emmanuel, que foi buscar para nós, no fundo dos séculos, a história dramática da implantação do Cristianismo. Quando no próprio seio da orgulhosa Roma começaram a surgir cristãos nas mais altas posições sociais, as intransigentes famílias patrícias se alarmaram. Nobres, senadores, juízes, intelectuais, militares, altos funcionários do Governo, suas esposas, noivas, mães e irmãs subitamente apareceram "contaminadas" por aquela divina loucura que os levava a misturarem-se com escravos, a amar o semelhante, a perdoar ofensas, a praticar as mais belas formas de caridade.

O espetáculo, ao mesmo tempo sublime e trágico, se repetia com frequência: jovens e velhos das mais altas linhagens da família patrícia, misturados à plebe, marchando com ar iluminado para o circo onde as feras lhes estraçalhavam o corpo físico ou as tochas lhes cremavam as carnes.

Foram muitos os que escondiam com receio a sua crença na jovem doutrina, mas o exemplo daqueles que tiveram a coragem moral de proclamá-la e arrostar as consequências deixou um brilhante rasto de luz na História. Por esse caminho, quantos irmãos nossos (quantos de nós!) não estão subindo lentamente, mas seguramente, para Deus?!

8
Os obreiros da vinha

Li há muito tempo, num desses inúmeros livros sobre Psicologia aplicada aos negócios, que geralmente o empregado de uma firma se preocupa mais com o salário do seu companheiro do que com o seu próprio. Pode ele estar ganhando suficientemente ou até mesmo acima da média, o que lhe permite um padrão de vida decente, mas se um colega de trabalho, que ele julga do mesmo nível funcional ou de nível inferior ao seu, passa a perceber remuneração maior que a sua, cria-se um sério problema administrativo. Já por isso, naturalmente, tanto quanto pelo simpático aspecto social da medida, o moderno Direito Trabalhista consagra o princípio de que será igual o salário para atribuições iguais.

A questão é antiquíssima e dela se serviu o próprio Cristo para evidenciar um dos seus ensinamentos na parábola dos trabalhadores de undécima hora. O leitor certamente se lembra do texto, não sendo necessário reproduzi-lo todo.

Em suma, o dono da vinha contratou vários trabalhadores, em diferentes horários, de forma que alguns trabalharam o dia todo e outros apenas uma hora. No momento de os pagar, determinou que se começasse pelos últimos, isto é, pelos que haviam trabalhado por menor espaço de tempo. A estes foi entregue um dinheiro, o que encheu de expectativa o coração dos demais, que se julgaram com direito a maior remuneração por terem trabalhado mais longamente. Para sua surpresa, entretanto, a paga foi idêntica à dos demais. Houve protestos dos que se sentiam prejudicados: então labutaram o dia todo e recebiam o mesmo que os companheiros que haviam trabalhado apenas uma pequena fração do dia? Não era justo.

Respondeu o dono da vinha dizendo que nada tinham a reclamar, pois que não haviam eles concordado em trabalhar um dia a troco de dinheiro? E não estavam sendo pagos exatamente pelo que havia sido combinado? O fato de ter sido o dono da propriedade mais generoso com os trabalhadores da última hora não lhes diminuía, aos primeiros, a remuneração. "Acaso o teu olho é mau porque eu sou bom?", perguntou o dono da vinha (MATEUS, 20:15).

A parábola conclui afirmando que os últimos serão os primeiros e que muitos são os chamados, mas poucos os escolhidos.

A história é uma advertência dramatizada contra a inveja. Se o que ganho me dá para viver condignamente, sustentar minha família e educar meus filhos, que me importa que meu vizinho ganhe mais do que eu ou que os milionários gozem suas fortunas? Bom proveito e que Deus os ajude a suportar a prova da riqueza, muito mais dura, quase sempre, que a da pobreza.

Por outro lado, a parábola previne também contra a ambição desmedida. Lutar pelo que pode ser nosso, por uma posição social melhor, por maior conforto e melhores oportunidades de instrução, é perfeitamente legítimo, razoável e até desejável. No entanto, a ambição desordenada cria insuportáveis tensões psicológicas, insatisfações, ansiedades e amarguras. E, por isso, tanta gente se desgasta irremediavelmente e abrevia o desenlace da morte, por meio do enfarte, do esgotamento nervoso ou de tantas dessas doenças psicossomáticas, isto é, das que vêm do espírito para o corpo. Essa é, aliás, a explicação para a elevada incidência das chamadas *doenças da civilização*. As modernas técnicas de publicidade criam necessidades, às vezes artificiais, ou, na melhor das hipóteses, supérfluas. Produtos sem os quais nossos avós viveram perfeitamente são hoje anunciados como fatores de prestígio social que ninguém que se preze pode deixar de possuir. Para obtê-los, a criatura se esvai numa correria e numa competição que anemizam suas forças vitais e cria atritos às vezes irremediáveis com seus semelhantes. Mas, parando um segundo para pensar, podemos perguntar-nos o seguinte: vale a pena? Que tenho eu com o outro que passa a primavera na Europa e manda seus filhos estudarem nos Estados Unidos? É bom que haja o progresso material, pois não é errado aspirar ao conforto e às melhores oportunidades de vida; o que não se pode é deixar que a falsa necessidade de correr atrás do vertiginoso progresso material nos esfalfe e nos distraia daquilo que é o principal objetivo da vida: a evolução espiritual.

No meu entender, porém, a parábola da vindima encerra ainda outros ensinamentos.

O prêmio pelo nosso esforço pode, às vezes, parecer minguado porque nos supervalorizamos. Se mais modestos, acharíamos sempre que a paga ainda é superior ao nosso mérito. Acontece ainda que, muitas vezes, recebemos nossa remuneração sob forma de verdadeiros *adiantamentos*. Essa condição pode ocorrer não apenas sob aspecto meramente material, como, e principalmente — espiritual. De fato, ao nascermos no seio de famílias abastadas, recebemos, antes de qualquer esforço, uma decisiva ajuda material. Não estou aqui me esquecendo de que esse mérito pode perfeitamente ter sido conquistado numa ou em várias encarnações anteriores. É verdade que isso também ocorre, mas é certo que frequentemente recebemos, por simples condição de nascimento (reencarnação), recursos vultosos, como um *crédito de confiança* a nós concedido pelas forças superiores que desejam ver-nos aplicando corretamente tais recursos. Pelo menos naquela existência, em que já nascemos ricos, nada fizemos para merecer uma situação financeira privilegiada, em relação à grande massa humana. É preciso saber usar esse crédito, procurando beneficiar o semelhante e não transformando o poderio econômico em agravado instrumento de opressão.

De outras vezes, o crédito de confiança não vem expresso em grandezas de ordem econômica, e sim em termos de *conhecimento*. Este é ainda mais sério, pois que "muito se pedirá a quem muito se deu". É o caso daqueles de nós que já adquirimos conhecimentos superiores que nos habilitem a um julgamento mais sereno das inúmeras e complexas situações da vida. Já dos olhos desses caíram as escamas que cegavam, como a Saulo. É preciso, portanto, que de Saulo passemos a Paulo, proclamando corajosamente a nova expressão da verdade que começou a iluminar o nosso entendimento. Paulo não hesitou em fazer o que hoje chamaríamos uma inflexão de 180 graus: ia numa direção, movido pelo ideal que lhe parecia mais acertado, e, de repente, virou-se para o lado oposto, rompendo com seu passado, suas tradições, suas crenças, sua gente, toda a sua formação, enfim. Abandonou, simultaneamente, a perspectiva de um futuro que a tantos — e também a ele — parecia tão brilhante para dedicar-se a uma causa que a tantos — mas não mais a ele — se apresentava como que totalmente perdida. Era a causa dos humildes e das novas ideias que se opunham às que então dominavam.

Enfrentavam, essas ideias, forças poderosas demais para a fragilidade de sua organização terrena, pois que tinham pela frente não apenas o encarniçado dogmatismo e a irredutível intolerância da religião dominante, como também o não menos formidável poderio das águias romanas. No entanto, foi a causa *perdida* que ganhou e foram aqueles que pareciam indestrutíveis que tiveram de ceder, porque estavam já esvaziados do conteúdo da verdade.

Paulo recebeu um vultoso "adiantamento" sobre seus vencimentos espirituais. O próprio Cristo o convocou para a sua vinha e encarregou Ananias de lhe explicar os fundamentos da doutrina. A recuperação da visão é mais que um fenômeno de natureza física: é um símbolo de liberação espiritual. Não só os olhos da carne se abriam, mas também os do espírito. Paulo compreendeu que estava recebendo adiantadamente o pagamento da sua jornada, pois que era, evidentemente, um trabalhador da undécima hora. Por outro lado, na relatividade do tempo, em que estamos nós mergulhados, aquele que ontem parecia ser o trabalhador retardatário surge, na perspectiva da História, como o precursor.

Em que nos aproveita a lição?

Em correspondermos prontamente ao crédito que recebemos. Se representado por bens materiais, usá-lo com liberalidade e desprendimento. Para isso, não é necessário passar de rico ou remediado a mendigo, mas administrar os recursos de forma a não explorar ninguém, nem a si mesmo, na ânsia incontrolável de aumentá-los a qualquer preço. Afinal de contas, os bens terrenos, que nos tocam, são meros empréstimos que devolvemos à Terra, quando a abandonamos, porque lá, para onde vamos, qualquer que seja o nosso destino pós-morte, não podemos comprar coisa alguma com a moeda terrena, por melhor que seja o ouro de que seja feita.

Se o crédito é concedido em conhecimento espiritual, maior ainda é a nossa responsabilidade. Até os imperfeitos códigos éticos humanos prescrevem que a ignorância da lei não exime de culpa aquele que a infringe. Seriam menos perfeitas as Leis divinas? Assim, aquele que, a despeito do seu elevado grau de conhecimento, continua deliberadamente a desobedecer aos códigos comete falta mais séria do que o outro que erra porque ignora.

De qualquer maneira, o que nos compete fazer é desempenhar a contento a nossa tarefa, ricos e pobres, porque de tudo teremos de dar conta ao "dono da vinha", por meio dos reclamos da nossa própria consciência, quando desrespeitamos a lei, ou de uma infinita sensação de segurança e paz interior, quando agimos de acordo com os seus postulados. Isso de riqueza e pobreza, ganhar mais ou ganhar menos, é tudo secundário; o que conta, no final, é o que o homem é e não o que ele tem. O que ele é vai com ele, e o que ele hoje tem fica por aqui mesmo, sofrendo a ação da traça e da ferrugem de que nos fala o Mestre.

9
A sutil sabedoria das leis divinas

Há muito mais sabedoria nas Leis divinas do que pode apreender a nossa limitada inteligência. E não apenas nas leis que regulam o comportamento da matéria na sua imensa cadeia estrutural desde o átomo até as grandes famílias de galáxias que se perdem pelo espaço, muito além do que pode alcançar a nossa imaginação. Há também uma sabedoria imanente nas leis da moral, essas que governam os mecanismos muito mais complexos das questões espirituais. Todo esse sistema cósmico, essa tremenda equação espírito-matéria, funciona num regime de perfeito equilíbrio e integração, sem uma falha, sem um recuo, sem um desvio. Aos pouquinhos vamos compreendendo que, em nosso próprio interesse, precisamos viver em sintonia com elas, porque, sendo imutáveis e inflexíveis, qualquer ajuste, porventura necessário em nossas relações com elas, deve ser feito à nossa própria custa; não é a Lei que se vai modificar para atender ao nosso caso particular.

Veja, por exemplo, o leitor a doutrina da reencarnação, que corresponde ao funcionamento prático da lei de causa e efeito. Somos responsáveis por todos os atos que praticamos e até pelos mais escondidos pensamentos temos que responder cedo ou tarde. Não que haja um tribunal externo, montado alhures no Espaço para fiscalizar e espionar cada gesto, cada palavra e cada intenção; nem para registrá-los num livro de contabilidade celeste em que se daria, ao fim da existência física, um balanço frio e impessoal para que nos fossem cobradas as contas que fizemos ou nos fossem atribuídos os prêmios que ganhamos. Não há esse tribunal inquisitorial no Espaço; o que existe é um dispositivo automático de registro dentro de nós mesmos, onde fica tudo documentado para revisão posterior. Há um caderno secreto nos refolhos do nosso perispírito, no qual inconscientemente, mas infalivelmente, vamos tomando nota de cada impulso do nosso espírito livre, como um aluno diligente tomaria notas de cada palavra que se lhe dissesse em aula. Mais tarde, quando se levantar o pesado véu da matéria que nos obscurece o entendimento integral de seres encarnados, vamos rever essas notas, estudar as lições que elas contêm e começar o penoso trabalho de correção do que nelas existe de errado. Para isso precisamos reencarnar: há uma simetria perfeita em tudo quanto fazemos. Se aqui erramos, aqui mesmo deveremos trabalhar para retificar a falha. Nenhuma passagem é mais reveladora dessa lei inflexível, mas justa, como todas as leis cósmicas, que aquele ensino singelo de Jesus ao recomendar que primeiro se reconciliasse o homem com seu inimigo e depois fizesse a sua oferenda, e mais: que o fizesse enquanto juntos caminhassem pelas estradas e não depois que suas rotas se tivessem afastado uma da outra. São palavras de profunda sabedoria, porque nelas se contém um conselho verdadeiramente científico, cuja prática nos poupará tanta angústia e aflição mais tarde. É que, perdida a oportunidade da reconciliação enquanto estamos lado a lado com o irmão de quem divergimos, não sabemos quando poderemos reencontrá-lo para estender-lhe a mão, andar a metade do caminho em sua direção ou todo o caminho, se for preciso. Quanto arrependimento amargo e perfeitamente evitável não há, por aí, na carne e no mundo espiritual (principalmente neste), em pessoas que não tiveram um pouco mais de paciência e compreensão ou humildade e sabedoria! Coisas simples, como aceitar um pai que nos parecia ranzinza demais, um irmão de sangue e de espírito que se nos afigurava intolerante, um marido ou uma esposa a quem julgamos cruéis, indiferentes, maldosos. O simples fato de termos o que se chama usualmente *uma diferença* com certa pessoa com quem convivemos ou com a qual nos encontramos com frequência já é um sinal muito forte a evidenciar que aquele é um dos espíritos com o qual precisamos aplicar o sábio princípio de reconciliação, ensinado pelo Cristo. Vamos aproveitar enquanto caminhamos lado a lado e que, pelo menos de nossa parte, todos os esforços sejam feitos para restabelecer a paz que se quebrou nesta ou em outras vidas que se foram. Sabemos lá das razões que levaram aquele Espírito a nos detestar ou a desconfiar de nós?

Mas aqui entram os que, não aceitando a reencarnação, objetam enfáticos: Como é que eu não me lembro de nada das minhas vidas anteriores? Não seria preferível que eu soubesse de tudo para compreender melhor as coisas que hoje acontecem e corrigir o que fiz errado?

À primeira vista parece que a objeção é procedente, mas, se começamos a estudá-la melhor, vemos logo que não poderia funcionar assim o mecanismo da reencarnação. Os argumentos são muitos e têm sido repetidos com bastante frequência, de modo que qualquer leitor de obras espíritas saberá defender seu ponto de vista reencarnacionista com relativa facilidade. O esquecimento é necessário ao progresso do Espírito, que só evolui quando caminha por suas próprias forças, escolhendo livremente entre o bem e o mal. De que lhe serviria o conhecimento de uma existência anterior, dos crimes que praticou, dos ódios que se abrigaram em seu coração, dos inimigos que teve, das riquezas ou poderes que possuiu, ou das misérias e angústias por que passou? Para que trazer, para uma existência que começa de novo, as aflições e preocupações de uma que se foi e já mergulhou no passado? Não é mais fácil nos reconciliarmos com uma criatura que não mais desperta em nós a lembrança do dano que nos causou? As vidas que se entrelaçam estão cheias de exemplos dessa natureza. Numa existência matamos um desafeto e lhe roubamos a esposa e os bens, encharcando de ódio a nossa vida e a dele. Os nossos caminhos se separaram antes que pudéssemos refazer a amizade, mas ainda não é tarde. É bem provável que ele nos volte, numa vida subsequente, como filho de nossa própria carne, para que lhe possamos restituir o bem da vida que lhe tiramos da outra vez e os bens materiais que dele subtraímos impiedosamente. É um processo inteligente e suave, pois que aquilo que lhe arrebatamos num instante, assumindo uma dívida enorme, agora lhe pagamos aos pouquinhos, sem grandes sacrifícios, amparando-o, educando-o à nossa custa, orientando-o para o bem. Quando, depois do desenlace de mais uma existência, nos reencontrarmos no Além, em plena consciência do passado, já estaremos reconciliados e mais amigos que nunca, pois nada é mais forte para cimentar uma ligação fraterna que a lembrança de antiga e superada inimizade.

Se, porém, no decorrer da existência corpórea, identificássemos o antigo desafeto de passadas eras, não teríamos a mesma serenidade para concertar com ele um pacto de paz e harmonia, porque as antigas feridas voltariam a sangrar e os sepultados ódios subiriam à tona, toldando-nos o entendimento e os bons propósitos.

Além de tudo isso, há também razões de ordem prática e menos transcendentais. Não podemos trazer para uma nova existência antigos preconceitos, impertinências, intolerâncias, nem sequer o mesmo conservadorismo estreito que impediria o nosso progresso e nos tornaria velhos rabugentos desde a primeira infância. É que tudo evolui e progride, e, ao cabo de alguns decênios, precisamos mesmo ceder lugar aos espíritos que vão chegando, para que, com a nossa caturrice muito natural da velhice, não comecemos a servir de estorvo a novas ideias e novas conquistas. Os próprios costumes sociais e políticos também mudam com os tempos, enquanto nós, presos aos limitados horizontes de uma existência carnal, não podemos alcançar muito longe nem acompanhar a marcha das modificações históricas e sociais. Com todos os seus erros, desvios e desvirtuamentos, temos que reconhecer que vive hoje no mundo uma população materialmente mais sadia e mais ciosa da sua liberdade. Rapazes e moças de boa formação encaram com simplicidade e ausência de malícia o fato de brincarem, passearem e se divertirem juntos jovens de ambos os sexos. Usamos roupas mais saudáveis, ainda que mais sumárias. Peças que fariam verdadeiro escândalo entre nossos avós são hoje aceitas com naturalidade, não porque os costumes degeneraram, mas porque não há maldade nem deformação moral alguma no simples fato de irmos à praia expor nosso corpo à luz tonificante do Sol e aos benefícios saudáveis da água do mar. Mas como poderíamos aceitar as novas condições de liberdade, mesmo que sadia e controlada, se ainda trouxéssemos em nossa lembrança a memória das exageradas e muitas vezes insinceras restrições medievais? Será que teríamos bastante serenidade para aceitar todos esses *modernismos e essas loucuras*?

Com o avançar da idade, vamo-nos concentrando no passado, nos "bons tempos"; não nos abandona a memória de parentes e amigos que morreram. E o pior é que muitos ainda se amarguram mais por julgarem que os "perderam" irremediavelmente, que nunca mais os verão, que desapareceram para sempre na misteriosa escuridão da morte. Mesmo com o conhecimento espiritual, sentimos a necessidade de partir para voltar, depois de uma permanência mais ou menos longa no Espaço, onde fazemos um extenso e profundo exame de consciência, onde tomamos alento para um novo mergulho na carne e onde planejamos, com auxílio de mais experimentados irmãos, a nova existência, em suas linhas gerais, não presos a um determinismo fatalista, mas dentro de alguns limites que nós próprios nos impomos no interesse do nosso processo evolutivo.

Só depois de tudo assentado é que voltamos para renascer. Não trazemos na memória o conhecimento de tudo, mas, no silêncio do nosso quarto, podemos às vezes ouvir os ecos e os lampejos da intuição a nos segredar docemente, pela voz da consciência, o que melhor nos convém fazer, quais as regras morais que devemos seguir, quais os exemplos que devemos dar e as atitudes que devemos tomar.

E renascemos com uma nova folha imaculada diante dos olhos, para que dela façamos o uso que melhor nos convier. Assim, aos poucos nos vamos adaptando às novas condições de vida, aceitando os progressos e conquistas da nova era e até mesmo contribuindo para que se processem rapidamente. Foram-se as impertinências e o exagerado conservadorismo obstrutivo que nos pesou tanto nos últimos anos da existência anterior. Já começamos a aprender por métodos mais avançados; recursos modernos, como televisão, rádio, práticos e velozes meios de comunicação, passam a ser coisas naturais, que aceitamos sem resistência e que facilmente e sem atritos se incorporam ao cotidiano. Nossa própria filosofia se altera profundamente, muito embora os princípios morais norteadores sejam fundamentalmente os mesmos, porque, no que diz respeito à moral, só podemos andar para a frente e nunca involuir. Se dantes pertencíamos a uma organização religiosa intransigente e intolerante, dogmática e obscura, na nova existência poderemos abraçar uma doutrina mais liberal, mais pura, que nos ajude decididamente a caminhar, mostrando-nos melhores roteiros. Há ou não há uma sabedoria muito sutil e profunda no mecanismo da reencarnação?

10
Vale a pena suicidar-se?

É impressionante o número de suicídios que encontra-mos relatados nos jornais. Por que tanto se matam as criaturas, especialmente agora nesta época de dificuldades e incertezas? Deixemos de lado as causas imediatas, como problemas financeiros, amorosos ou de consciência. Isso é apenas a gota d'água que fez transbordar o cálice, toque final que acabou por romper o precário equilíbrio emocional do ser, desatando seu impulso destrutivo numa ânsia de libertação. São secundárias essas causas, embora tenham sido o fato precipitador da tragédia. Secundárias e relativas, porque um motivo que poderia ser extremamente fútil para um assume proporções alarmantes para outrem. Além disso, vemos o mesmo indivíduo suportar, às vezes, golpes muito mais graves e sucumbir, depois, diante de questões que um pouco mais de tolerância ou paciência teriam colocado em sua verdadeira perspectiva. Muito depende, pois, do seu estado emocional no momento em que lhe surge o problema pela frente.

Quando penso nisso, lembro-me sempre de uma advertência que encontrei no guichê de uma loja em Nova Iorque; dizia assim: *Que diferença fará isso daqui a 99 anos?*

Aquilo que agora nos parece uma calamidade insuportável reduz-se às proporções de mero incidente daqui a poucas horas, alguns dias ou uns escassos meses. É fácil demonstrar a veracidade da afirmação: quais foram as mágoas que nos atingiram tão fundo no ano passado? Ou há três anos? Mesmo que nos lembremos de algumas delas — as que nos pareceram mais graves —, já não nos ferem como então. Com o decorrer de um pouco mais de tempo, lembrar-nos-emos delas até mesmo com certo sorriso indulgente e pensaremos: "Veja só! Isso me deu tanto aborrecimento e, afinal, nem valeu a pena..."

De outras vezes, aquilo que nos atormentou nem sequer teve existência real; foi produto de uma imaginação exaltada, momentaneamente obscurecida pelo cansaço, pelas paixões ou pelo simples desconhecimento dos fatos. Logo a seguir, o que nos parecia tão alarmante, verificamos ser simples suspeita com aparência de realidade.

Por isso, não é necessário pesquisar as causas imediatas que desencadeiam a tragédia do suicídio; examinemos as origens profundas do fenômeno.

Por que se mata a criatura humana? Mata-se o pobre, o aleijado, o doente, como também se mata o rico, o belo, o saudável. Por quê? Na verdade, o suicídio é, basicamente, uma fuga. O suicida quer fugir de situações embaraçosas, de desgostos, de pessoas que detesta, de mágoas que não se sente com forças para suportar, deseja, afinal de contas, fugir de si mesmo. É aí que está a gênese do seu fatal desengano: não podemos, de maneira alguma, fugir de nós próprios. Para que isto ocorresse, seria necessário que tudo se acabasse com a morte; seria preciso que, ao cortar o fio da existência, tudo o que somos se dissolvesse, num instante, em nada. E não é assim que acontece; absolutamente não. Vemos, então, que o fundamento da ilusão suicida está na total ignorância do homem diante de sua própria natureza espiritual.

Há de chegar o dia em que todos compreenderão que somos Espíritos encarnados e não simples conglomerado de células materiais; que o corpo físico é um mero instrumento de trabalho e aperfeiçoamento do Espírito; acessório, e não principal, na estrutura da personalidade humana.

Nesse dia não haverá mais suicidas. Suicidar-se para quê? Se apenas o organismo físico se destrói, ao passo que o princípio espiritual sobrevive? Abandonado pelo Espírito, o corpo não é mais que um amontoado de matéria. E, como tal, volta para a sua origem, isto é, a terra. O Espírito, a seu turno, também regressa para o lugar donde veio: aquilo a que o Dr. Hernani G. Andrade chama hiperespaço. Com o Espírito é que pensamos e sentimos; nunca com o corpo físico, mera ferramenta. Para certificar-se disso, basta ver um cadáver. Que é que falta à criatura que acaba de morrer? Tem ainda os músculos, a mesma cor dos olhos, o cérebro, os órgãos internos. Por que não se mexe mais, não anda, não fala, não vive? Por que sua carne entra logo em decomposição e seu corpo começa a ruir como uma casa abandonada? A resposta é simples: é porque algo muito importante deixou aquele corpo para sempre. Esse algo, princípio imaterial do ser, é o Espírito, órgão diretor e coordenador, sem o que tudo se desorganiza e se desintegra. A parte que fica é inerte e sem vida própria; não sente dor, nem outra qualquer sensação — é só matéria. A consciência está no Espírito que parte. Por conseguinte, quando deixamos o corpo material, levamos nossas lembranças, sentimentos, paixões, alegrias, tristezas, esperanças, temores, angústias e sofrimentos, tal como os experimentávamos aqui na carne. O corpo não é mais que uma vestimenta perecível do Espírito imortal. E se sofríamos aqui, sofreremos muito mais do lado de lá da vida, se praticarmos a violência do suicídio. Não só porque nossas mágoas terrenas persistem, mas porque descobrimos, surpresos, envergonhados e terrivelmente arrependidos, que continuamos vivos, com as mesmas ideias que tínhamos, e ainda sofrendo dores muito mais agudas, porque só então nos assalta, num tremendo impacto, a amarga compreensão da loucura que praticamos.

Para os espíritas, familiarizados com a literatura mediúnica, isso não é novidade. Temos inúmeros depoimentos de Espíritos que provocaram a destruição de seu corpo físico, na trágica ilusão de que dessa forma se libertariam para sempre de seus problemas. E vêm confessar, amargurados, que o portão da morte não se abre para a escuridão vazia do nada; que a vida continua, com o corpo físico ou sem ele; e aquilo a que chamamos morte é uma simples transição — seus portões nos levam a uma outra forma de vida e não ao aniquilamento. E então aquele que destruiu voluntariamente seu envoltório material chega à dolorosa conclusão de que apenas conseguiu agravar enormemente seus problemas íntimos, sem libertar-se de nenhuma de suas dificuldades. E descobre, ainda mais, que terá de voltar à carne em outras condições, talvez ainda mais penosas e precárias, tantas vezes quantas forem necessárias — para corrigir, refazer e pacificar.

Assistimos, então, ao funcionamento inapelável da lei cármica de causa e efeito, ajudando o pobre ser derrotado e doente a tomar o amargo remédio da recuperação. E aquele que arrebentou seus próprios ouvidos com um tiro assassino renasce com o mecanismo da audição destruído; não podendo ouvir, não aprende a falar. E daí atravessar uma existência inteira, isolado na solidão forçada, a fim de que seu Espírito compreenda, no silêncio, o verdadeiro sentido da vida e o valor inestimável dos dons que recebemos ao nascer. O que tomou venenos corrosivos volta à carne com as vísceras deficientes, sujeitas a misteriosas e incuráveis mazelas.

Tudo isso porque não podemos ir adiante sem pagar o que devemos, e, sendo a Justiça de Deus tão perfeita, não pagamos senão o que devemos, segundo diz a Lei. Logo, o suicídio é o maior, o mais trágico e lamentável equívoco que o ser humano pode cometer. Para não suportar uma dor que deveria durar alguns instantes, buscamos, precipitadamente, outra que pode durar tanto quanto uma nova existência de aflições.

Certamente Deus nos dá os recursos necessários à recuperação, mas o esforço da subida tem que ser nosso para que dele decorra o mérito da ação.

Isso de dores, mágoas, sofrimentos e aflições é tudo condição transitória de seres em reajuste moral. No fundo de si mesmo, o Espírito esclarecido sabe, intuitivamente, a razão da sua dor e se rejubila com ela, porque somente pagando o que deve poderá prosseguir para o Alto. E sabe mais: certo da perfeição da Lei, na qual não há injustiças, compreende que se sofre é porque deve; a Justiça Divina não cobra multas a quem não cometeu infrações; ela é infinitamente mais perfeita que a dos homens.

Dessa forma, interferindo violentamente no mecanismo das leis supremas, o suicídio agrava os problemas em vez de resolvê-los.

A ordem é esperar com paciência, resignação e confiança, aguardando serenamente a libertação. Acima de toda mágoa, o Espírito pode pairar serenamente e até mesmo embalado por secreta alegria, pois tem a certeza de que está resgatando, com a única moeda válida — a do sofrimento —, compromissos que ainda o prendem a um passado faltoso.

11
Pequena conversa acerca da feitiçaria

Um desses dias, sentou-se à minha frente, no ônibus elétrico, uma senhora que trazia um exemplar do *Saturday Review*. Vinha na capa o título de um dos artigos: *When space travel was witchcraft*, ou seja: "No tempo em que as viagens espaciais eram feitiçaria".

Não tive oportunidade de ler o artigo e ignoro se a terei, pois nem sei ao certo de que data era a revista, mas aquele título acendeu uma luzinha nesse maravilhoso computador que todos temos na mente.

Antes de tudo, que vem a ser feitiçaria? Todos nós ouvimos histórias de feiticeiros medievais que realizavam seus prodígios, ora em benefício de alguém, ora em seu prejuízo. A *Enciclopédia britânica* esclarece que a palavra inglesa para feiticeiro (*witch*) tem a mesma raiz semântica de *wit*, que, por sua vez, quer dizer: saber, conhecer. O feiticeiro é, portanto, uma pessoa que possui certo conhecimento usualmente tido por "oculto", por não ser revelado a todos. Já em português, a palavra feiticeiro vem de feitiço, que os dicionaristas decompõem em *feito* mais *iço*. O feiticeiro seria então aquele que, na linguagem popular, arranja "uma coisa feita". É preciso lembrar que feitiço também se associa à palavra *fetiche*, que serve para nomear objeto de adoração entre os selvagens.

Aí por volta do século XV, o termo feitiçaria passou a ser empregado para designar os mágicos em geral, adivinhos e videntes. É ainda na tão sólida e conceituadíssima *Britânica* que vamos colher esta observação de profundo sentido filosófico. Diz lá que quando a prática se realiza, "em nome da divindade de uma das religiões estabelecidas, chama-se profecia; quando, porém, é feita em nome de um deus pagão, é mera feitiçaria". Tudo depende, pois, do ponto de vista em que se coloca a pessoa que aprecia o fato. No histórico incidente entre Moisés e os mágicos do faraó, fica bem evidenciada essa verdade. Enquanto a versão bíblica considera os mágicos egípcios à sua moda, a versão demótica do incidente retrata Moisés como miserável bruxo estrangeiro que os próprios egípcios haviam salvado das águas.

Na Inglaterra, segundo Lorde Coke, a definição oficial de feiticeiro é "a pessoa que conferencia com o Demônio para consultá-lo ou praticar alguma ação". Também é uma definição muito curiosa esta.

No fundo, o que os espíritas vemos nisso tudo é que assim como a Alquimia esteve nas origens da Química e da Física, e a Astrologia foi o germe do qual emergiu a Astronomia, a prática ainda rudimentar e primitiva das artes divinatórias era, no fundo, o alvorecer da mediunidade na raça humana. A única diferença é — como frisa a *Britânica* — que, quando essas práticas são realizadas pelas religiões institucionalizadas, são chamadas de profecia, e, quando por qualquer outra religião, passam por feitiçaria pura e simples.

Também os fenômenos mediúnicos da cura, da clarividência, da levitação, da psicografia e da xenoglossia, quando ocorrem com Santos da Igreja, são milagres de pessoas tocadas pela graça. Quando, porém, acontecem com os que se acham fora do círculo sagrado, então é feitiçaria ou prática demoníaca. Às vezes, os senhores teólogos cometem enganos sérios, por não terem distinguido bem, à primeira vista, de que lado deveriam colocar a coisa. Um exemplo dramático dessa dubiedade temos em Joana d'Arc, que foi oficialmente considerada herética e feiticeira e, depois, tão oficialmente quanto da primeira vez, canonizada. As vozes que dantes ouvia eram do demônio. As figuras, que aos seus olhos se apresentavam para trazer-lhe suas mensagens, eram do demônio, sob um dos seus mil disfarces diferentes. Depois de reexaminado o processo, foi tudo isso desfeito, com muita habilidade e abundantes dissertações canônicas, mas ao espectador bem atento não escaparão as escamoteações praticadas à vista do respeitável público.

Não digo isto para atacar ninguém, nem instituição alguma: são os fatos da História e não há como revogá-los; podemos apenas reconstituí-los.

A Inquisição queimou grande número desses pobres seres que, por contingências cármicas, nasciam com faculdades mediúnicas. A mediunidade, aliás, é uma das mais belas e das mais difundidas faculdades do ser humano. No entanto, milhões de pessoas sofrem de males psíquicos e físicos por não terem conhecimento desse problema e, por conseguinte, não estarem em condições de desenvolver harmoniosamente seus recursos mediúnicos e canalizá-los para o exercício sadio e controlado. Em lugar disso, ficam à mercê de influências de que nem sequer suspeitam e levam uma existência inteira, ou mais de uma, atormentadas por doenças misteriosas, temores incompreensíveis, joguetes de emoções incontroláveis, de estados de depressão e euforia inexplicáveis. Se dispõem de recursos materiais, vivem numa peregrinação permanente, de consultório em consultório, sem jamais atinarem com a causa real dos males que as afligem, quando poderiam facilmente identificar essa causa e remover os seus efeitos daninhos.

Mas isto é outra história. Falávamos, no início, sobre o tempo em que as viagens espaciais eram consideradas feitiçaria. Há uma lição muito profunda nisso. A orgulhosa Ciência de hoje está cheia de *conquistas* que, ainda há poucos séculos, eram pura feitiçaria. Quem ousaria, na Idade Média, imaginar uma viagem à Lua? Quem seria capaz de proclamar a possibilidade de seres inteligentes, em outros corpos celestes, além da Terra? Quem poderia experimentar, como aquele cientista americano, com o poder da prece sobre o crescimento das plantas? Ou com o cogumelo *amanita muscaria*, como o Dr. Andrija Puharich? Ou com a hipnose médica, hoje tão difundida?

Não faz muito tempo, Pasteur enfrentou o desprezo dos inquisidores da Ciência que não podiam admitir a existência do germe. Bastava formular uma hipótese científica acerca da circulação do sangue, como Miguel Servet, para ficar sob franca suspeição. Paracelso, que revolucionou a Medicina de seu tempo e discorreu até acerca da mediunidade e da escrita automática (psicografia), andou às turras com a Inquisição. Também Erasmo, o humanista máximo que avulta como um gigante intelectual no século em que viveu, conseguia, às vezes, polarizar as antipatias tanto de um lado, da Igreja, como das facções que se lhe opunham. Eram homens que pregavam coisas novas e revolucionárias que, como filhas espúrias do intelecto, não haviam ainda merecido a graça de ficar ao abrigo material da Ciência oficial ou da Teologia. Esse é o exemplo constante, repetido, cansativo da História.

Já era tempo de ter sido corrigida essa curiosa deformação do espírito humano. Alguns grupos se apossaram do que lhes parece ser a Verdade e tudo quanto esteja fora daquele círculo está errado ou, na melhor das hipóteses, não tem méritos para receber o *nihil obstat* [nada obsta] dos cardeais das Academias de Ciência.

Para quem olha a coisa superficialmente, isto é mistério profundo. O que vemos, em última análise, é que a Ciência não progride com a velocidade que seria de esperar-se dela. Afinal de contas, o conhecimento humano acumulado traz em si mesmo um fator de aceleração, pois que, como dizia Lavoisier, "nada se cria, nada se perde, tudo se transforma". Inventar é descobrir novas combinações de ideias e de fatos preexistentes. Mas, se do inventário que fazemos das ideias excluímos exatamente aquelas que nos asseguram a existência do Espírito e nos ensinam algumas leis acerca do seu funcionamento, como é que vamos descobrir novas combinações que levem avante a Psicologia, a Medicina, a Sociologia, a Moral? Como?

O que acontece, na realidade, é que os cientistas que já atingiram esse patamar do conhecimento humano, em que a existência, preexistência e sobrevivência do Espírito são concepções pacíficas e indiscutíveis, ainda não têm nas mãos o comando do mecanismo científico da Humanidade. A despeito de possuírem conhecimentos muito mais avançados que os homens das academias oficiais, vivem marginalizados e o máximo que lhe concedem os colegas é um sorriso de compaixão superior. Também isto não é difícil de entender. Esses vanguardeiros de hoje são os mesmos de ontem. Servet, que primeiro imaginou a teoria da circulação do sangue, numa época em que isso era inadmissível, poderá muito bem estar por aí reencarnado a pesquisar importantes questões suscitadas pela biologia do Espírito. Galileu, que proclamava a revolucionária teoria do heliocentrismo, deve andar hoje envolvido em aspectos transcendentais da mecânica espacial, preparando a era de intercâmbio espiritual entre as diversas populações siderais. Paracelso, o chamado *médico maldito*, andará a estudar operações delicadíssimas no perispírito, a fim de que possam repercutir no corpo físico e corrigir deficiências deste. Os homens que fizeram a Reforma Protestante estarão hoje batalhando na patrulha avançada do Espiritismo. Nascem essas criaturas com a vocação invencível para o pioneirismo que desgasta, sacrifica, aniquila o homem enquanto está na carne, mas que o transfigura quando retorna ao mundo espiritual.

O grande problema é que aqueles espíritos que antigamente se sentavam ao lado dos inquisidores ou escreviam tratados para provar que a Terra era um bolo sustentado por doze elefantes já aceitaram a circulação do sangue, a esfericidade da Terra, o heliocentrismo, o Protestantismo, mas continuam nas poltronas acadêmicas e nas cátedras universitárias a combater tenazmente a existência do Espírito, a reencarnação, a possibilidade de comunicação entre os seres encarnados e os desencarnados, a mediunidade e tantas outras ideias que precisavam ser, quanto antes, incorporadas ao patrimônio das verdades provadas.

Por isso vemos Freud mergulhar nas profundezas do espírito humano, agarrar lá no fundo tantas genuínas pérolas e depois jogá-las fora, julgando-as falsas, para trazer cacos de vidro brilhante deixados por algum naufrágio milenar.

Por isso os que hoje lidam com os problemas da mediunidade ainda são atirados à vala comum, de cambulhada com feiticeiros, mágicos, macumbeiros e bruxos.

A viagem espacial, que no passado era bruxaria, é hoje realidade que ninguém, em seu juízo perfeito, pode recusar. O mesmo acontecerá com a mediunidade, com a reencarnação, com a comunicabilidade dos Espíritos.

    Os que hoje recusam estas noções acabarão por aceitá-las, senão daqui a cinquenta anos, pelo menos em um século, ou dois, ou mil anos, não sei, pois que o tempo não conta muito para o Espírito eterno. Não sei quanto tempo levamos nós para aceitá-las... E como não se vê, nem mesmo uma vaga linha do Infinito, onde termina a evolução do ser humano, ficamos a imaginar o tempo em que também perseguíamos o semelhante por causa de ideias novas ou os ridicularizávamos por causa das suas novas doutrinas. Mas, também, sonhamos com o tempo futuro em que estaremos no plano onde se encontram hoje aqueles que, no passado, foram vítimas das nossas risotas e da nossa intolerância, pois que estes estão lá, muito além da linha do horizonte, como diria Alencar.

12
Gaveta de papéis

Acho que as ideias, como os seres, os bichos e as plantas, também envelhecem e também morrem quando se aferram à sua condição transitória, esquecidas do apoio eterno da verdade. Isso é natural e explicável, pois que, se assim não fosse, a lei evolutiva, que evidentemente governa o Universo inteiro, seria impossível. De vez em quando temos de fazer uma revisão em nossas ideias, a fim de abandonar as que não servem mais e examinar com cuidado as que se incorporaram aos nossos arquivos psíquicos. É assim que evoluímos espiritualmente, pois, afinal de contas, o Espírito tem uma vocação irresistível para o aperfeiçoamento moral e o esclarecimento intelectual.

Mais ainda: é preciso desenvolver harmoniosamente os dois termos da equação humana: moral e intelecto. Nem tudo pode fazer uma criatura moralizada quando reduzidos lhe são os recursos intelectuais, não lhe permitindo uma atividade esclarecedora em benefício próprio e alheio. Em todo o caso, é infinitamente melhor sermos bem evolvidos moralmente e acanhados do ponto de vista intelectual, do que sermos grandes sábios, pesados de conhecimentos, sem uma estrutura moral suficientemente desenvolvida. Deficiências morais e intelectuais são transitórias; essas faculdades tendem a se ajustar, de vez que o Espírito às vezes se detém na sua caminhada, mas nunca recua, como ensina Allan Kardec. Acabará o Espírito por encontrar em si mesmo o justo equilíbrio, tornando-se moral e intelectualmente evoluído, o que, de resto, constitui seu objetivo e seu passaporte para o mundo maior. Em suma: é muito melhor ser bom e inculto do que sábio e imoral, mas o ideal só começamos a alcançar quando nos tornamos bons e sábios.

Enquanto não nos bafejamos com a brisa da bondade e da sabedoria, em doses equilibradas e justas, precisamos, não obstante, viver, aqui e no mundo espiritual, à medida que vamos e voltamos em sucessivas encarnações. Ora, viver é escolher. A vida é uma série infinita de escolhas, de decisões e resoluções. Temos de as tomar, no livre exercício do nosso arbítrio. Ninguém pode, em sã consciência, pegar-nos pela mão e nos conduzir ao nosso destino; temos de ir com as nossas próprias forças e recursos. Quanto mais alta a hierarquia espiritual daqueles que se incumbem da espinhosa missão de nos guiar, mais cuidadosos se mostram em não tomar por nós decisão que nos compete. O que fazem esses orientadores é nos mostrar as alternativas. Se resolvermos pelo caminho do bem, dizem-nos, teremos o mérito das nossas vitórias; se nos decidirmos pelo mal, ficaremos com a responsabilidade e os ônus dos nossos erros. O Espírito, portanto, é deixado livre na sua escolha e iniciativa. Nessas contínuas e repetidas decisões é que vamos renovando nossas ideias e treinando a nossa vontade. O que ontem nos parecia certo, hoje pode parecer duvidoso e amanhã inteiramente inaceitável. De outro lado, muito do que considerávamos há pouco completamente errôneo, pode, de repente, assumir aspectos menos hostis, até que acabamos por incorporar as novas ideias à nossa bagagem intelectual.

    Há, porém, a considerar, aqui, um ponto da mais alta importância: é que tanto podemos caminhar na direção da luz como permanecer nas trevas, tateando, ou nelas afundando cada vez mais, conforme esteja ou não alertada aquela condição básica a que o Mestre chamou vigilância. Se nos faltar esta que, ainda segundo o Cristo, se fortalece com a oração (orai e vigiai), vamos aceitando ideias indignas e dissolventes que antes nos repugnavam, mas que passamos a achar muito naturais. Se estamos atentos, se guardamos em nós a singeleza de coração que nos leva a receber, com humildade, não apenas as alegrias, mas principalmente as tristezas, então as ideias que começamos a considerar são as que constroem e educam, que aperfeiçoam e moralizam cada vez mais. É aí, pois, que entra em ação a nossa capacidade de escolha e decisão. E surge a pergunta: a ideia que se nos oferece é digna de ser incorporada à estrutura do nosso espírito ou é uma dessas que só vão contribuir para nos dificultar a marcha? Será que não estaremos trocando uma ideia nova, que à primeira vista nos seduz a imaginação, por uma outra que, embora velha, está escorada na Verdade? Ou, examinando a medalha do outro lado: será que não estamos desprezando uma ideia magnífica, apenas porque não desejamos, por comodismo ou temor, abandonar a ilusória segurança das nossas velhas e desgastadas noções?

    Essas coisas todas me ocorrem quando me lembro da dificuldade que temos para nos livrarmos de ideias que somente nos prejudicam. Algumas delas têm sido mesmo responsáveis por muitas das nossas aflições e, em acentuada proporção, pelo próprio retardamento da marcha evolutiva da Humanidade. Estão neste caso alguns dos dogmas mais caros e mais irredutíveis da teologia ortodoxa. E aqui não se distingue a Teologia católica da Teologia protestante. Esta última, a despeito de todo o seu ímpeto reformista, conservou certos princípios que ainda prevalecem, como a questão da salvação.

Espero que o leitor fique bem certo de que não pretendo atacar o Catolicismo nem o Protestantismo. Reencarnacionistas convictos, como somos os espíritas kardequianos, podemos estar razoavelmente certos de já havermos trilhado os caminhos da ortodoxia religiosa. É bem provável que muitos de nós tenhamos até trabalhado ativamente para propagar essas ideias dogmáticas que agora não mais podemos aceitar. No entanto, temos de pensar — sem que nisso vá nenhuma pitada de superioridade — que aqueles caminhos ainda servem a muitos e muitos irmãos nossos.

Mas, voltando ao fim da conversa, em que consiste a salvação? Salvamos a nossa alma, diz o teólogo, das penas do inferno e vamos para o céu, se agirmos de acordo com os preceitos da lei moral e se praticarmos fielmente os sacramentos, observando os ritos, conforme a prescrição canônica. Para a Teologia ortodoxa não basta que o homem seja altamente moralizado, bom e puro: é preciso também que pratique os sacramentos e se conforme com a estrita orientação espiritual da sua Igreja. O desvio, por menor que seja, é logo tido por heresia e o seu iniciador é proscrito do meio, depois de esgotados os recursos habituais de persuasão, com o objetivo de reconduzir ao seio da comunidade a ovelha desgarrada.

Convém examinar bem essa ideia da salvação, pois esta é uma das que têm trazido bastante dano à evolução do espírito humano. No fundo, é um conceito egoístico: o Espírito se salva pela fé e pelas obras, diz o católico. Não, diz o protestante, basta a fé, porque o homem é intrinsecamente pecador e sem a graça vai para o inferno irremediavelmente. E, assim, muitos se encerraram em claustros, passaram a viver isolados do mundo para que nele não contaminassem suas almas destinadas ao Senhor, logo após a libertação da morte. Outros, empenhados não apenas em salvar as suas próprias almas, como a dos outros, saíram pregando aquilo que lhes parecia ser a doutrina final, a última palavra em matéria teológica. Ainda outros, mais zelosos e exaltados, achavam que não bastava salvar suas próprias almas e convocar as de seus irmãos a fim de lhes mostrar o caminho; era necessário obrigá-los a se salvarem, porque nem todos estariam em condições de decidir acerca dessas coisas tão importantes. E, por isso, aqueles que estudavam Teologia e se diziam em íntimo contato com Deus e agiam em nome do Senhor se sentiam não apenas no dever, mas na obrigação de salvar a massa ignara que nada entendia disso. "Creia porque eu creio e eu sei mais do que você" — parecia pensarem estes mais agressivos salvadores de almas. Quando o irmão recalcitrava, era preciso corrigi-lo, aplicando penas que iam desde a advertência amiga e verdadeiramente cristã até o extremo da tortura e, finalmente, do inacreditável assassínio frio e calculado, em masmorras infectas ou nas fogueiras purificadoras. Disso não se eximiu nem mesmo o nascente Protestantismo, cuja intolerância religiosa conduziu a crimes lamentáveis. Era melhor queimar um corpo físico — pensavam todos — do que permitir que aquela alma *rebelde* contaminasse outros seres incautos, com as suas doutrinas, e acabasse pelos arrastar às fornalhas do inferno.

Vemos, então, que a ideia da salvação se prende solidamente a duas outras: a do céu e a do inferno. A questão é que também estas precisam de um reexame muito sério.

Aqueles de nós que têm tido oportunidade de entrar em contato com Espíritos desencarnados, ficam abismados com a quantidade imensa de pobres seres desavorados que não conseguem entender o estado em que se encontram e a vida no Além, ficando numa confusão dolorosa por um lapso de tempo imprevisível. O Espírito que levou uma ou mais existências ouvindo a pregação dogmática, sem cuidar de examiná-la, praticando as mais nobres virtudes, frequentando religiosamente todos os sacramentos e assistindo a todas as cerimônias do ritual, sente-se, com certa razão, com direitos inalienáveis ao prêmio que lhe foi prometido, isto é, subir para Deus imediatamente após a morte do corpo físico. No entanto, não é isso que acontece. Quem somos nós, Senhor, já não digo para sermos acolhidos no seio de Deus, mas para suportar com nossos pobres olhos o brilho de um Espírito mais elevado? Que mérito temos nós, ainda tão imperfeitos, para exigir o chamado céu, após uma vida (uma só, como creem os ortodoxos) em que tanto erramos, por melhores que tenham sido nossas intenções? Como poderemos ambicionar chegar a Deus se nem ainda tivemos tolerância suficiente para admitir a coexistência de outras crenças?

Daí o desapontamento daquele que morreu em pleno seio da sua Igreja amada, protegido por todos os sacramentos, recomendado por tantas missas e serviços religiosos, mas que, a despeito de tudo isto, ainda não viu a Deus.

Conhecemos também a angústia daqueles que, conscientes dos seus erros e crimes, ou mesmo ainda indiferentes a eles, mergulham num clima de angústia que lhes parece irremediável e sem fim, tal como lhes diziam que era o inferno. Hipnotizados à ideia do sofrimento eterno, nem sequer sabem que estão "mortos" na carne, nem suspeitam que podem recuperar-se pela oração e pelo arrependimento. Figuras sinistras passeiam à sua volta e deles escarnecem e os fazem sofrer. São os demônios, pensa a criatura aterrada e desalentada. No entanto, são seres como ela própria, também desavorados e infelizes, todos inconscientes das forças libertadoras que trazem em si próprios e que podem ser despertadas pelo poder da lágrima e da prece.

Tanto num caso como noutro, não há como negar, estamos diante de vítimas do dogmatismo cego que proíbe o livre exame das questões. Enquanto na carne, aceitavam aquelas ideias ou seriam forçados a abandonar as igrejas a que pertenciam, se não excomungados, pelo menos proscritos do meio. E se de um lado estão os que não se dispuseram a deixar as ideias erradas por indiferença ou comodismo, de outro vemos os que não as deixaram por receio de *não se salvarem*, pois que uma das doutrinas prediletas das organizações dogmáticas é a de que fora delas não há salvação. Assim, vai a criatura inteiramente despreparada para enfrentar o momento supremo da sua vida terrena, isto é, aquele em que, mais uma vez, se encontra diante do trágico balanço da sua existência.

Por isso o Espiritismo mudou o conceito da salvação. Não dizemos que fora do Espiritismo não há salvação, e sim que fora da *caridade* não há salvação. Mas completamos esse nobre conceito explicando que céu e inferno são figuras de ficção que já perderam sua razão de ser e, ainda, que nunca essas ideias se conciliaram com a de um Deus justo e bom, puro e perfeito. Esse Deus, imenso de caridade e amor, não iria criar filhos seus para as chamas do inferno irremediável e eterno, como também não ficaria como um potentado, rodeado de multidões a lhe cantarem loas eternas. O que Deus quer de nós é o trabalho fraterno e a conquista da nossa própria paz interior, palmo a palmo, com o nosso próprio esforço, se bem que muito ajudados pelo infinito amor que Ele derrama tão generosamente por todo esse grandioso Universo fervilhante de vida.

Salvar-se, para o Espiritismo, não é escapar às penas de um inferno mitológico para subir às glórias de um céu de contemplação extática. Salvamo-nos caminhando sempre para a

Luz Divina, aos pouquinhos, vencendo nossas fraquezas, caindo aqui, levantando ali, ajudando e sendo ajudados, distribuindo as alegrias que nos sobram e recebendo um pouco da mágoa que aos outros aflige, pois que já disse alguém que a felicidade aumenta com o dar-se e o sofrimento alivia quando partilhado.

Salvar-se, para a Doutrina Espírita, não é escapar ao inferno que não existe, é aperfeiçoar-se espiritualmente, a fim de não cairmos em estados de angústia e depressão após o transe da morte. É, em suma, libertar-se dos erros, das paixões insanas e da ignorância. Salvamo-nos do mal e nos liberamos para o bem, eis tudo.

Examine o leitor as suas ideias, como quem remexe uma gaveta de papéis. Aqui e acolá vai encontrando alguns que não servem mais e precisam ser postos fora, como também encontrará alguns conceitos novos que, sem se saber ao certo, juntaram-se à nossa bagagem. Estes também precisam ser examinados com atenção. Talvez nos sejam úteis, mas tenha cuidado com eles. Uma ideia pode ser nova e boa e pode ser apenas nova. Pode ser velha e excelente e pode ser não mais que uma velharia que já teve seu tempo e desgastou-se. A pedra de toque de todas as ideias é a verdade, e esta somente nos ajuda a selecionar o nosso mobiliário mental e espiritual quando vamos adquirindo serenidade e humildade no aprendizado constante que é a vida, aqui e no Espaço.

13
Tolerância

Há uma palavra mágica nos dicionários, leitor. Pouco ligamos a ela como tampouco, às vezes, ligamos a coisas tão essenciais à nossa tranquilidade e ao nosso progresso espiritual. Chama-se tolerância, essa palavra, e tem mil conotações diferentes, muitas nuanças e inúmeras facetas.

Sobre a tolerância escreveu H. W. Van Loon um dos seus interessantes livros, ora esgotado. O dicionário explica que é a qualidade daquele que é tolerante. Também menciona a palavra complacência. Tolerante é o que tolera, é o indulgente, o que desculpa, o que respeita a opinião alheia. Examinando bem de perto tolerância, complacência, indulgência, descobrimos que, embora tenham estreitas afinidades, são, na realidade, algo diferentes. Não entendo muito de etimologia, mas a mim me parece que tolerância tem sentido superior às duas outras expressões. Entendo que tolerar é uma atitude consciente, humana, sem restrições, compreensiva, livre de ironias como também de indiferenças. A complacência pode ser um dar de ombros, uma espécie de "não me importismo" de quem não quer se incomodar com problemas alheios. A indulgência se me afigura algo irresponsável e conformista, atitude de uma pessoa fraca que não sente em si mesma coragem nem disposição para discutir o problema e, então, prefere acomodar-se. Nenhuma dessas restrições se aplica à tolerância: esta exige compreensão e lucidez; uma convicção de que a nossa opinião é mais correta, mas, ao mesmo tempo, o reconhecimento do direito alheio de discordar e pensar diferentemente; uma apreciação e uma troca de ideias com aqueles que se opõem às nossas, sempre admitindo a possibilidade de que, no fundo, em um ou outro ponto, é bem possível que eles tenham razão e estejam até mais certos do que nós. A tolerância exige equilíbrio emocional, convicção firme, mas não inflexível, certeza dos seus pontos de vista, mas não intransigência.

Para o espírita não deve ser difícil ser tolerante, pois sabe ele que os seres humanos são Espíritos encarnados e, como tal, se encontram em diferentes estágios evolutivos. Ainda outro dia dizia eu a alguns amigos que, se vivêssemos apenas uma vida, atingiríamos no mesmo espaço de tempo o mesmo grau de maturidade, como as frutas. Um cacho de bananas amadurece por igual ao fim de alguns dias, em idênticas condições de calor, luz e umidade. Nós, não. Encontramos velhos imaturos e crianças perfeitamente amadurecidas, equilibradas e sensatas. Portanto, é preciso que nos toleremos uns aos outros, que tolerar é uma das formas de amar.

Se os Espíritos superiores, que nos ajudam em nossas tarefas e nos orientam, fossem assumir atitudes intolerantes quanto à nossa ignorância, então ficaríamos entregues à nossa própria sorte. O que vemos, entretanto, é outra coisa. Vemo-los pacientes, compreensivos e muitas vezes apreensivos, a esperarem tolerantemente, enquanto vagamos por trilhas erradas.

Tolerância

Esse notável atributo humano é um escudo contra certas aflições da vida. Como diz aquela famosa oração [da serenidade], precisamos ter coragem para mudar as coisas que pudermos, paciência para aceitar o que não pudermos mudar e sabedoria para distinguir umas das outras. Todos nós precisamos de tolerância, sendo ela especialmente desejável numa família em que nem todos os membros pertençam ao mesmo grupo religioso. Espíritas, protestantes e católicos podem conviver perfeitamente bem e em grande harmonia, desde que se respeitem e se tolerem. É claro que, numa família em que predomine a maioria católica, o membro espírita lamente intimamente o culto das imagens, por exemplo, mas não vai, com isso, atirá-las pela janela como quem joga fora um simples pedaço de pau. É preciso lembrar que para muitos aquela imagem representa seres respeitados e respeitáveis. Muitos dos nossos irmãos ainda precisam de uma representação material em que possam apoiar o seu culto.

O espírita que vive no seio de família católica terá sempre motivos de debate se quiser entregar-se à polêmica. É melhor, porém, que se cale quando não solicitado a pronunciar-se acerca de pontos de vista doutrinários. E, quando o fizer, diga as coisas com simplicidade e modéstia, sem empáfia e superioridade. Aquele que se julga superior, porque estudou uma doutrina realmente superior, ainda não está bem integrado nela. Esclarecer um ponto de vista próprio não implica atacar o alheio, nem mesmo a Doutrina Espírita precisa rebaixar as outras para se exaltar; ela tem seus méritos próprios que não foram conquistados à custa de nenhuma outra.

Mas tolerar ainda é mais do que isso. Também precisa exercitar sua tolerância aquele que já teve oportunidade de desenvolver sua inteligência. É evidente que inteligência e cultura não são dádivas que caem do céu por descuido — ao contrário, têm o seu preço e resultam de um lento estratificar de muitas e muitas encarnações. Um Mozart, que compõe aos cinco anos, certamente não podia ter aprendido tudo aquilo em sessenta meses de vida física. E se, paralelamente ao nível intelectual já atingido, ele tiver também alcançado um alto plano moral, então ele não irá menosprezar o pobre sambista. Esse é o binômio da evolução: inteligência e moral devem igualar-se para equilibrar a equação da vida. Aqueles que alcançam alto nível intelectual, mas têm atrofiado o senso moral, entregam-se a loucuras que lhes custarão séculos e até milênios de recuperação e reparo. Os que se moralizam logo, mas descuram do desenvolvimento da inteligência, estão incomparavelmente em posição melhor, mas, para colaborarem com verdadeira amplitude na obra imensa do Pai, é necessário que possam ter a serviço da sua moral a faculdade maravilhosa da inteligência. Inteligência — é ainda o dicionário que diz — é a faculdade de compreender, de conhecer, de interpretar. E como é que vamos pôr em prática os nossos recursos éticos se não temos ainda facilidade de compreensão, conhecimento e interpretação?

Não nos iludamos, entretanto: a inteligência traz em si um ônus tremendo ao espírito. Muito se pedirá a quem muito se deu, diz o Mestre. É verdade. A inteligência é um encargo, uma responsabilidade e confere certa autoridade. Encontramos a cada instante, em nosso comércio com o mundo invisível, Espíritos que nos trazem o depoimento amargo da sua aflição, por não terem sabido ou não terem querido utilizar como deviam a magnífica inteligência que já haviam desenvolvido. Há os que se deixaram levar apenas pela indolência, como aquele servo da parábola dos talentos que preferiu enterrar a moeda do seu senhor e devolvê-la tal como a recebeu. Há, porém, aqueles que usaram de todos os seus recursos intelectuais para espalhar ideias perniciosas, para levar grupos e povos inteiros à desavença, para pregar o culto da irresponsabilidade. Pagam depois um preço tão alto por essa atitude que melhor teria sido não possuírem ainda tão desenvolvida aquela faculdade superior.

Qualquer que seja, porém, o desenvolvimento moral da criatura inteligente, ela precisa olhar com tolerância aqueles de nós que ainda não alcançamos seu nível. O homem ou a mulher muito inteligente tendem a impacientar-se diante da morosidade com que o semelhante raciocina, da lentidão com que aprende, da dificuldade com que caminha nas trilhas da cultura. O espírito inteligente acha que todos os que o cercam são seres primários, pouco esclarecidos e pouco interessados na busca de novos horizontes. Muita vez não é isso que se passa: é que o espírito é apenas cauteloso — deseja ver primeiro o terreno em que pisa, porque traz, nos arquivos da sua memória, decepções que lhe custaram tão caro que não as pode esquecer.

Leitor inteligente, paciência, modéstia e, acima de tudo, tolerância. Nenhum de nós ainda se diplomou na escola da vida; se aqui estamos é porque não fomos ainda admitidos nessa imensa e desejada Universidade Cósmica dos Espíritos Superiores. Lá chegaremos um dia, sem dúvida, porque, graças a Deus, os que lá estão nos ajudam com a sua imensa dose de amor e de TOLERÂNCIA.

14
Espíritos madrugadores

"Não o poder de recordar, sim o poder de esquecer constitui uma das condições necessárias à nossa existência". São essas, leitor, as palavras iniciais de *O Nazareno*, do eminente escritor Sholem Asch.

Admirável essa intuição dos poetas, escritores, músicos, artistas em geral... Aqui vemos um autor, formado na melhor tradição judaica, definir de maneira tão elegante e precisa o esquecimento que desce sobre o nosso Espírito quando reencarnamos. Realmente, para o Espírito que precisa recompor a sua vida e retomar o seu caminho evolutivo, o esquecimento é condição necessária, indispensável mesmo.

E, por mais estranho que pareça, muita gente suicida-se na ilusória esperança de *esquecer* os problemas, as dificuldades, as tragédias, as dores, as dúvidas, as mágoas, a vida, enfim, quando é exatamente nascendo que as esquecemos, e não morrendo... Ao morrer é que recuperamos a nossa memória integral e damos um balanço no que fizemos e choramos aquilo que deixamos de fazer. Como a vida do Espírito não começa com o nascimento e nem termina com a morte, vamos de uma existência a outra aprendendo e refazendo e errando cada vez menos.

Por isso, no intervalo entre uma vida e outra, paramos para meditar e estudar o plano de trabalho que desejamos realizar no futuro. Auxiliados por amigos dedicados e de profunda sabedoria, traçamos todo um programa, não apenas para a duração do período em que ficarmos no Espaço, na condição de Espírito, como ainda em nova existência terrena, quando retornamos a um novo corpo carnal para nele prosseguir o aprendizado. Então renascemos esquecidos, como seres humanos, do passado de lutas e angústias. É bem provável que tenhamos ocupado posições eminentes aqui ou ali, nas Artes, na Religião ou na Política. É muito provável que tenhamos feito uma ou outra coisa mais acertada, mas é seguramente certo que erramos bastante e gravemente. O registro desse passado está inteirinho, sem faltar um *iota*, em nosso Espírito, mas, como homens ou mulheres encarnados, convém que não nos lembremos nem de glórias, nem de dores, a fim de que não se perturbe a nossa disposição de acertar.

Ao renascermos, trazemos no Espírito todo o plano de trabalho elaborado no Espaço, mas como homens não sabemos ao certo em que consiste esse programa. Cabe-nos descobri-lo, pela meditação, pela introspecção, ouvindo a voz profunda e serena da consciência.

Custa-nos muito, às vezes, a despertar para essa realidade. Nos anos de formação que vão da infância até a juventude, deixamo-nos, com frequência, levar por impulsos que não atendem ao interesse da nossa condição espiritual. Seres que noutras vidas já tiveram até certo grau de desenvolvimento, que viveram existências exemplares, de verdadeiros santos, consomem alguns anos numa busca inútil de rumo. Muitos se deixam fascinar por doutrinas inteiramente errôneas, ou se anestesiam na corrida louca de sensações mundanas e prazeres efêmeros. É que o Espírito, sentindo em si o chamado ilusório da matéria, nem sempre consegue desprezá-lo em favor do seu trabalho maior e mais nobre. Mal acordado para a consciência de ser humano encarnado, sente-se vibrante de vida e vigor. A juventude à sua volta se diverte e busca as emoções do mundo, por que não ele também?

Tenho para mim que assim como o ser recapitula, no campo puramente biológico, toda a sua experiência anterior, também o Espírito passa por todas as suas fases evolutivas. A embriologia conhece bem o fenômeno, e, segundo seus ensinamentos, o embrião vem desde um minúsculo ponto, quase como se fosse uma simples ameba, e vai, por etapas sucessivas na escala percorrida através dos milênios, da fase aquática até a terrestre. Também o Espírito parece percorrer, outra vez, no princípio de cada vida, a sua experiência psíquica.

De repente, um pequeno evento, um gesto, uma palavra, uma dor e eis que se desencadeia nele todo um processo de deslumbramento da realidade escondida. De repente, eis que Francesco di Bernardone se transforma em Francisco de Assis. Está cansado das estripulias com seus companheiros, de serestas e de banquetes. Não mais o atraem as belas roupas e as lindas moçoilas. O jovem mais rico e despreocupado da cidade, o seu *primeiro gozador*, como diz um dos seus biógrafos, para como que fulminado por um clarão imenso que rasgou o véu de sombras que encobria a verdade.

Não é preciso ter poderes especiais para adivinhar todo o drama daquele Espírito. Não se tornava ele um santo *naquele* momento. Ele já era santo, no sentido mais amplo, mais divino da palavra e não apenas na sua expressão canônica. As belezas da sua alma apenas dormiam no fundo do ser. Ali estava um grande, um imenso Espírito, experimentado por muitas e antigas encarnações. Talvez até mesmo tivesse palmilhado, ao lado do Cristo, aquelas poirentas e ensolaradas estradas da Palestina.

Somente aos 23 anos, depois de misteriosa doença, abre-se-lhe a visão para a realidade última. Daí em diante, sua vida é todo um poema de amor, daquele outro Amor, maiúsculo, eterno, puro e alegre, que se multiplica em dar-se, que se enobrece na humildade, que tão facilmente transcende até a espécie humana e se estende a toda a Criação, desde o irmão Sol até o mais humilde peixinho.

Seria crível que tudo aquilo, toda aquela torrente de luz pudesse escoar tão generosamente de um coração em que antes não havia luz? Ao contrário, ali estava um Espírito de elevadíssima hierarquia; só faltava um pequeno impulso para se abrirem de alto a baixo os diques que retinham aqueles tesouros de amor e caridade. Despertara Francesco para a sua própria realidade. Descobrira em si mesmo a centelha divina que trazia no fundo do ser. Alcançara o nível que lhe era próprio, resultado legítimo de longo aprendizado, abrigo seguro que construíra ao cabo de inúmeras lutas e rígidas renúncias.

Mesmo assim, com toda aquela imensidão dentro de si, Francesco precisou de 23 anos de vida física para despertar o Espírito. Alguns só despertam mais tarde. Passam, antes, por desvarios e descrenças. Extraviam-se pelas veredas da negação, deixam-se capturar pelos artifícios da dúvida, perdem-se nas trevas dos erros mais graves, como se totalmente deslembrados da sua verdadeira condição espiritual. Outros, finalmente, nem chegam a despertar numa existência e retornam ao mundo espiritual sem terem conseguido sacudir, na carne, o torpor do Espírito.

Muitos desses levam a vida em aflições incompreensíveis que procuram, cada vez mais, afogar em sensações passageiras.

Outros, que trouxeram programas e compromissos, vivem a receber advertências e chamamentos de toda sorte, de variada natureza e origem. Nesta categoria estão, com impressionante frequência, aqueles que se preparam no mundo espiritual para o exercício da mediunidade entre os homens. Aqui chegados e esquecidos da tarefa que se impuseram, eles próprios vivem numa angústia permanente, vitimados por dores estranhas que nenhuma radioscopia descobre e nenhum médico pode curar.

Há, finalmente, aqueles que madrugam. Mal começam a despertar a consciência na vida terrena, alumia-se-lhes todo o espírito das claridades que trazem em si e cedo iniciam o trabalho programado. Se são médiuns, já na adolescência começam o seu exercício. Se trazem missões de caridade, desde o primeiro pão que ganham, começam a partilhar com aqueles que têm menos. Se decidiram cultivar o intelecto para divulgar ideias, já em criança os vemos como que hipnotizados aos livros. Se se destinam ao aprendizado da música, antes que as mãozinhas possam executá-la já sentem no espírito todas as harmonias do Espaço e começam a expressá-la.

São muitos os madrugadores, mas nós, que custamos a despertar, redobremos no esforço para que as sombras da tarde não venham encontrar a nossa tarefa ainda pela metade. Vamos trabalhar, amigos, para recuperar o tempo que já perdemos. Quem sabe da próxima vez não vamos também madrugar para começar a tarefa ainda com a fresca luminosa da manhã?

15
O exercício da mediunidade na igreja primitiva

Vários escritores espíritas têm abordado a questão das práticas mediúnicas no seio da Igreja primitiva, ao tempo do Cristianismo nascente. Desconheço, porém, estudo de maior profundidade e extensão acerca de tão fascinante aspecto da história religiosa. A *Enciclopédia Britânica* cita a obra *The Christian Prophets*, de Selwyn, um livro datado de 1900. (Daqui a pouco vamos conversar acerca dessa palavra *profeta*.) Seria, creio eu, de grande interesse uma obra séria de pesquisa nas tradições e nos textos antigos e modernos, examinados, umas e outros, à luz dos postulados espíritas.

Talvez o ponto de partida para uma obra dessa envergadura fosse a famosa primeira epístola aos coríntios, do apóstolo

Paulo. Na verdade, os capítulos 12, 13 e 14 desse interessantíssimo documento poderiam ser praticamente chamados de precursores de *O livro dos médiuns*, que Kardec escreveria dezoito séculos adiante. Nele, o Apóstolo estuda as diferentes mediunidades e dá algumas instruções acerca da maneira de exercê-las: "E sobre os dons espirituais" — diz ele — "não quero, irmãos, que vivais em ignorância."

Para tranquilizar aqueles que ainda se prendem à velha proibição da lei de Moisés, adverte que "ninguém que fala pelo Espírito de Deus diz anátema a Jesus". Mais ainda, assegura que "...ninguém pode dizer, Senhor Jesus, senão pelo Espírito Santo", isto é, pela força do espírito que tem em si mesmo.

Em seguida, discorre sobre as diversas formas de manifestação espiritual, dizendo que há uma "repartição de graças, mas um mesmo é o Espírito", isto é, muitas espécies de mediunidade, mas de uma só origem espiritual. Uns proferem palavras de sabedoria, outros de fé; a estes é concedido o recurso de curar doenças, àqueles a faculdade de *operar milagres*, como a outros a profecia, ou o *discernimento dos Espíritos*, ou a variedade de línguas, ou a interpretação das palavras.

Aí temos a mediunidade, que se nutre na fonte da sabedoria e da cultura, dos chamados médiuns inspirados — oradores, escritores, artistas, que recebem, às vezes, apenas o germe de uma ideia para que a desenvolvam por seus próprios recursos e, de outras, têm a visão instantânea de toda a obra ou de toda a peça literária que deles esperam os poderes superiores.

Aí está a mediunidade curadora, naqueles que transmitem novas energias por meio de seus passes ou prescrevem remédios como receitistas.

Aí estão os que servem de instrumento a leis e forças ainda não bem conhecidas e que, curando o incurável e doutrinando Espíritos endurecidos, conseguem operar essas maravilhas de caridade e de amor ao próximo que antigamente se chamavam milagres.

Aí estão os que, na velha linguagem apostólica, profetizam, isto é, recebem Espíritos que, por sua boca, vêm transmitir mensagens de esperança e paz, revelar desilusões, mágoas, aflições ou trazer o consolo sereno das experiências que viveram. São os médiuns chamados psicofônicos.

Aí estão, naqueles que *discernem os Espíritos*, os médiuns videntes, cujos recursos lhes permitem ver com os olhos espirituais os irmãos desencarnados.

Aí estão os que, falando uma *variedade de línguas*, exercem a mediunidade chamada xenoglóssica, tão bem estudada por Ernesto Bozzano.

Aí estão, finalmente, os dirigentes de trabalhos mediúnicos, na pessoa daqueles a quem o apóstolo chama *intérpretes das palavras*.

Adverte ainda o autor da epístola que não existe uma mediunidade mais importante do que as demais, porque "também o corpo não é só um membro, mas muitos". Cada um tem a sua função, a sua importância, a sua finalidade: "Se o corpo todo fosse olho, onde estaria o ouvido? Se fosse todo ouvido, onde estaria o olfato?"

Quanto aos que intitula *profetas*, colocou-os Paulo logo em seguida aos apóstolos e antes dos *doutores*; depois, os que têm a faculdade de perfazer milagres, os que curam doenças, os que assistem os seus irmãos, os que têm o dom de governar ou o dom de falar diversas línguas ou o de as interpretar.

É tudo ordenado no pensamento do autor, que vai colocando cada coisa no seu lugar. Começa com o apóstolo, porque é este quem traz a palavra evangélica, e termina com o que interpreta línguas, porque de nada valeriam as comunicações se não tivesse alguém que as traduzisse na linguagem empregada pela comunidade. Mas logo adverte que nem todos podem ser apóstolos, nem todos profetas e nem todos doutores. Cada qual pode aspirar às faculdades que julgar melhores, mas o que importa é o que lhes vai recomendar, a seguir, dizendo "vou mostrar-vos outro caminho mais excelente". E, então, vem o seu famoso capítulo 13, no qual produz aquele magnífico ensaio sobre a caridade.

> Se eu falar as línguas dos homens e dos anjos, e não tiver caridade, sou como o metal que soa, ou como o sino que tine. E se eu tiver o dom da profecia e conhecer todos os mistérios e quanto se pode saber, e se tiver toda a fé, até ao ponto de transportar montes, e não tiver caridade, não sou nada...

No capítulo seguinte (14) incentiva aqueles que exercem a mediunidade produtiva e serena, dizendo que

> o que profetiza fala aos homens, para sua edificação e exortação e consolação. O que fala uma língua desconhecida edifica-se a si mesmo; porém, o que profetiza edifica a igreja de Deus. Quero, pois, que todos vós tenhais o dom de línguas; porém, muito mais que profetizeis, porque maior é o que profetiza do que o que fala diversas línguas, a não ser que também ele interprete de maneira que a igreja receba edificação.

Este trecho é muito revelador. Não me venham dizer que o dom de línguas é o simples conhecimento de línguas estrangeiras, como aquele, que, sendo brasileiro, sabe falar francês, inglês ou alemão; é antes a faculdade mediúnica da xenoglossia, segundo a qual o médium fala na língua que, embora desconhecida dele, pelo menos na presente existência, é conhecida do Espírito manifestante. A literatura espírita relata muitos casos desta natureza. É importante notar, porém, que para estes exige o apóstolo o esclarecimento do intérprete e acrescenta: "a não ser que também ele interprete".

Ora, aquele que pode interpretar, ou seja, expressar-se na língua dos seus ouvintes, não precisa primeiro falar em outra e depois verter o pensamento na daqueles que o cercam. Logo, falou sob o impulso de uma vontade estranha à sua, numa língua desconhecida dos circunstantes. Ainda no versículo 13 do mesmo capítulo 14, aconselha Paulo: aquele que "fala uma língua desconhecida, peça o dom de a interpretar".

Esclarece também adiante que "as línguas são para sinal, não aos fiéis, mas aos infiéis; porém, as profecias, não aos infiéis, mas aos fiéis", ou seja, o fenômeno em si, de um médium falar língua que ele e os seus ouvintes desconheçam, pode impressionar os céticos, mas o conteúdo das mensagens mediúnicas interessa àqueles que já se acham mais senhores das verdades espíritas.

Outras normas fornece o apóstolo na sua extraordinária epístola, recomendando que as faculdades mediúnicas sejam usadas com serenidade e equilíbrio, em perfeita ordem e harmonia: "...se alguns têm o dom de línguas, não falem senão dois, ou quando muito três, e um depois do outro e haja algum que intérprete o que eles disseram". Quanto aos médiuns psicofônicos, a que ele chama profetas, que "falem também só dois ou três, e os mais julguem o que ouviram".

Note o leitor que ele recomenda não aceitar sem exame; antes advertindo que devem julgar o que for dito. Para que haja ordem e disciplina nos trabalhos, "vós podeis profetizar todos, um depois do outro, para assim aprenderem todos e serem todos exortados ao bem".

E depois: "Assim que, irmãos, tende emulação ao dom de profetizar e não proibais o uso do dom de línguas; mas faça-se tudo com decência e com ordem."

No capítulo 15, trata da natureza e essência do perispírito, a que chama corpo espiritual, dizendo: "Se há corpo animal, também o há espiritual..." O corpo material é formado da terra e portanto é terreno, e quanto ao que chama *segundo homem*, esse é da essência divina, celestial...

Eis assim o resumo do mais antigo *Livro dos médiuns* de inspiração puramente cristã. Para se conhecer outro antes dele seria preciso mergulhar nas antiquíssimas tradições assírias, egípcias, caldaicas, pois que, também naqueles recuados tempos, se estudou e se exerceu a mediunidade.

O termo que exprimia essa faculdade, ao tempo de Paulo, era *profecia*. Hoje a palavra tem sentido diverso, e o profeta, embora em nosso entender espírita seja sempre aquele que possui dons mediúnicos, é tido apenas como aquele que prevê acontecimentos futuros.

A *Enciclopédia britânica* esclarece que a palavra profeta tem sua origem no substantivo hebraico nabi, cuja origem, segundo o autor do artigo, é obscura. Acha isso o autor porque as derivações da palavra nabi significam *excitação intensa*, *borbulhamento* e, em assírio, *transportar-se*, ou seja, cair em *transe*. A forma verbal em hebraico também significa *frenesi*, cujo sinônimo inglês, aliás segundo o dicionário *Webster*, é *inspiração*. De modo que, se permitem a ousadia, discordo do conceito do enciclopedista ao afirmar obscura a origem da palavra. Acho-a até muito clara, pois que profecia e mediunidade são mais ou menos palavras sinônimas, e *transporte*, *frenesi* e *inspiração* são maneiras diferentes de apreciar o mesmo fenômeno espiritual.

No ano 1000 antes do Cristo, uma comunidade hebraica, existente em várias localidades, contava com um grupo de médiuns (profetas), que cultuavam uma divindade chamada Javé (Jeová). Esses médiuns, estimulados por música rítmica, cantorias e danças, caíam em transe, e, segundo a *Britânica*, exerciam poderes hipnóticos sobre os circunstantes. Os espíritas podemos admitir que não se trata de poder hipnótico, e sim de manifestação mediúnica, verdadeira sessão pública de Espiritismo prático.

A velha nação israelita chegou a ter organizações especializadas no preparo dos seus profetas, ao que hoje chamaríamos Escola de Médiuns. Já ao tempo de Samuel, a palavra profeta designava aqueles que primitivamente eram chamados *videntes*, do hebraico *Roeh* (visionário). Depois, veio a chamada idade de ouro dos profetas propriamente ditos, com Isaías, Jeremias, Amós, Oseas e outros.

Quanto aos chamados *profetas* da igreja cristã primitiva, exerciam seu mister como agregados às diversas comunidades ou iam de uma à outra, como médiuns itinerantes, incumbidos de receber os Espíritos orientadores dos diferentes agrupamentos cristãos. Segundo se apurou, esses médiuns gozaram de grande reputação e respeito por todo um século, mas "sua posição foi sempre precária". Do entusiasmo mais sereno e sadio podiam os médiuns passar aos transes improdutivos. Por outro lado, ao que parece, começaram a aparecer mistificadores, como também aqueles cuja conduta na vida diária não se coadunava com os belos pronunciamentos que admitiam em estado de transe mediúnico. É claro que nem sempre o médium é perfeitamente moralizado e equilibrado, e o que assim permanece, sem esforçar-se na busca da serenidade, acaba por cair sob o poder de obsessores e aviltar as suas faculdades ao ponto de as inutilizar por completo. Assim, o prestígio dos sacerdotes começou a obscurecer o dos médiuns itinerantes, cuja única virtude, em muitos casos, era apenas dizer coisas edificantes em estado de transe. Às vezes, acontecia serem os próprios sacerdotes portadores de faculdades mediúnicas, o que era tanto melhor...

Aí por volta do segundo século de Cristianismo, os abusos tinham assumido proporções consideráveis e a igreja entendeu de proibir a prática mediúnica nas suas reuniões. As autoridades eclesiásticas decidiram que "o êxtase era demoníaco e não divino" e que os profetas não deveriam mais *aceitar* as suas faculdades, ou seja, precisavam sufocar qualquer manifestação de mediunidade nascente. Foi isso um bem e um mal. Bem, porque o exercício da mediunidade era ainda pouco disciplinado e estudado e se prestava realmente às mais perigosas e ridículas explorações, tanto de encarnados como de desencarnados. Foi um mal, porque a prática não deveria ter sido liquidada, e sim transferida a responsabilidade de seu estudo a pessoas que, mesmo dentro da mais pura ortodoxia cristã, estivessem em condições morais e intelectuais de examiná-la criteriosamente e desenvolvê-la metodicamente, com disciplina e ordem, como recomendava Paulo aos coríntios. Se tivesse adotado esta alternativa, a igreja cristã seria hoje o maior repositório de conhecimentos espirituais e a evolução do espírito humano estaria alguns milênios à frente do ponto em que hoje se encontra. Pode-se lá imaginar o que não teria feito a prática honesta e serena de quase dois mil anos de Espiritismo cristão? Certamente que prevaleceu naquela encruzilhada do Cristianismo a vontade e a inspiração daqueles que ainda não possuíam em si luz suficiente para alcançar as tremendas consequências da decisão que estavam tomando. Quanta dor nos tem custado essa decisão...

Deixo aqui estas notas apressadas para que alguém, melhor que eu, possa aprofundar o assunto e emergir com um trabalho largo e sério sobre ele.

16
A filosofia em processo de revisão

Por muitos e muitos séculos foi Aristóteles considerado o Filósofo. Embora o impulso inicial de sua carreira de pensador tenha sido dado por Platão, desenvolveu Aristóteles uma linha filosófica que, sem hostilizar a do mestre, não era também sua tributária — foi, como se diria hoje, um elenco de ideias paralelas às de Platão. Naquele conceito fundamental de que a finalidade da Filosofia é especular as relações de conhecimento entre sujeito e objeto, Platão interessou-se mais pelo estudo do subjetivo e Aristóteles pelo objetivo. Ao contrário do que muita gente poderia pensar, essas tendências não se eliminam, nem mesmo se rivalizam, elas se completam, porque correspondem com precisão à própria dicotomia humana — espírito e matéria.

A história da Filosofia tem sido, em grande parte, o desenvolvimento paralelo dessas duas rotas de exploração do conhecimento. Alguns filósofos tentaram, aqui e ali, uma síntese das duas correntes do pensamento, mas, ao que parece, estava reservada, não a um filósofo, mas a um grupo anônimo de Espíritos, a tarefa de iniciar o trabalho de síntese, em bases lógicas, racionais e, por isso mesmo, bastante simples.

Incumbiram-se disso os Espíritos, com a exposição metodizada dos princípios que devem fundamentar a futura epistemologia. Muito caracteristicamente, não trouxeram eles todo o trabalho pronto; limitaram-se a oferecer, dentro de um esquema altamente sintetizado, os germes de todas as grandes ideias que devem ser exploradas pela Humanidade, com seus próprios recursos intelectuais e científicos.

Assim, à medida que pensadores e homens de ciência forem descobrindo a autenticidade dos conceitos básicos da Doutrina dos Espíritos, vai começar a imensa obra de revisão das passadas ideias filosóficas que remontam a Platão e Aristóteles.

A rigor, a revisão já se acha em curso, mas, para atingir o homem da rua, precisa antes merecer o *nihil obstat* da Ciência oficial.

Os estudiosos da Doutrina Espírita conseguem já entrever alguns pontos essenciais da revisão filosófica que o reconhecimento do Espiritismo vai desencadear. Podemos tomar qualquer um desses pontos, como o problema do inconsciente, a hereditariedade, as doenças de natureza psíquica, a questão da sobrevivência e todo um imenso cortejo de consequências que daí decorrem.

Para uma ligeira amostra do que já se poderia fazer em matéria de revisão filosófica e científica, tomemos, por exemplo, a ideia aristotélica do mecanismo do aprendizado humano. Coube, aliás, a John Locke colocar em poucas palavras o problema. Dizia ele no Esperanto dos filósofos e mestres daqueles tempos — o latim — que *Nihil est in intellectu quod non prius fuerit in sensu*, ou seja, nada vai ao intelecto sem passar pelos sentidos.

Basicamente, o conceito é legítimo, porque o sistema de alimentação do nosso aprendizado intelectual está localizado nos instrumentos de percepção sensorial: visão, audição etc.

Acontece, porém, que, no esforço de conciliar a filosofia de Aristóteles com a teologia que se montou em torno das doutrinas do Cristo, os pensadores católicos — entre os quais avulta, neste caso particular, o grande Tomás de Aquino — imaginavam que só poderia haver visão com olhos, audição com ouvidos, tato com os dedos. Isso porque, na clássica concepção teológica medieval, o homem só é uma entidade perfeitamente balanceada e integrada quando corpo físico e Espírito se acham unidos. O estado de liberdade em que se encontra o Espírito (ou como preferem eles — a alma), após a morte do corpo físico, é transitório e expectante. O destino definitivo da criatura humana se daria somente após a ressurreição da *carne* e o simultâneo julgamento final. O corpo, diziam e ainda afirmam os filósofos eclesiásticos, tem que partilhar as alegrias e aflições do Espírito porque participou das suas boas e das suas más ações. Não vamos entrar, aqui, no mérito do grave problema físico, biológico, da recomposição dos corpos de todos os bilhões de criaturas que já viveram no mundo até hoje e das que ainda viverão até o chamado *fim dos tempos*. Exatamente por não admitir essa autonomia da alma é que os pensadores católicos criaram dificuldades intransponíveis à evolução e racionalização da sua própria doutrina. É, aliás, muito curioso que, como pensadores espiritualistas, não tenham podido atribuir ao Espírito a plena posse de suas faculdades, senão quando ligado ao corpo físico. Tanto é assim que não admitiram também a preexistência do Espírito, ensinando, ao contrário, que para cada corpo que se forma é criada uma nova alma.

A gente não se dá conta com muita nitidez da lenta evolução das ideias a não ser quando recebe o impacto do resultado de uma abstração de tempo entre o estado primitivo de uma ideia e o seu mais elevado grau de desenvolvimento. Tentarei demonstrar isso com um exemplo colhido nas experiências mediúnicas que realizamos num grupo de confrades.

Dentre os muitos Espíritos que são trazidos para um intercâmbio conosco — uns para ensinar, outros para aprender; uns para ajudar, outros para receber ajuda — veio um que ainda estava totalmente imanado, se assim posso dizer, às suas ideias e às suas memórias de uma encarnação que tivera como sacerdote católico, aí pelos meados do século XV. Naquela época, dizia ele, fora meu companheiro e meu amigo, na Alemanha. Quase quinhentos anos haviam decorrido e o pobre irmão não tomara conhecimento de nada que se passara nesse meio milênio. Não sabia da Reforma Protestante, nem da existência desse estranho país chamado Brasil, onde se falava uma língua chamada português. "Morrera" em 1483 e estivera, por todo esse lapso, parado no tempo e no espaço, perdido no nevoeiro de uma situação que não compreendia.

De uma das vezes em que discutimos longamente os seus angustiantes problemas e especialmente sua aflição, por observar que seu antigo companheiro tinha hoje ideias total e irremediavelmente heréticas, lembrou-me ele o velho conceito de Aristóteles, segundo o qual nada poderia aprender sem o auxílio dos sentidos. Procurei explicar-lhe que não era bem assim, mas era inútil: ou Aristóteles estava errado ou eu. Evidentemente não tenho estatura para disputar com o grande estagirita. Procurei, no entanto, explicar ao meu velho amigo que, diante do conhecimento atual, o filósofo estava certo, *em parte*. De fato, o conhecimento vai por meio dos sentidos, mas algumas revisões precisavam ser feitas nesse conceito, especialmente porque o meu interlocutor não arredava o pé da posição de que o funcionamento dos sentidos estava na exclusiva dependência do corpo físico e que, portanto, um Espírito em estado de liberdade não poderia aprender.

O engano — respondi eu — é que a sede dos sentidos não está no corpo físico, e sim no Espírito. O corpo é apenas um instrumento de trabalho, uma ferramenta. Quando o corpo morre, o Espírito leva consigo as suas faculdades e os seus sentidos. Portanto, é possível *ver* sem os olhos da carne, *ouvir* sem os ouvidos etc.

Isso, aliás, se enquadra com justeza na teoria do Dr. Gustave Geley, para quem a reencarnação é um processo de análise, ao passo que a morte é um processo de síntese. Pelo depoimento dos Espíritos, os sentidos não se acham localizados em órgãos específicos, como a visão na vista ou a audição no ouvido; ao que parece, eles têm uma percepção global sintética dos fenômenos, em lugar da percepção analítica que temos nós, os encarnados. Enquanto nós só podemos ver com os olhos e ouvir com os ouvidos, os Espíritos têm visão, audição e todas as percepções simultâneas. Pelo menos é o que entendemos, descontada a natural dificuldade que eles encontram em nos explicar fenômeno tão complexo.

Por outro lado, a moderna Parapsicologia já conseguiu demonstrar suficientemente que o conhecimento pode chegar ao intelecto sem ajuda dos sentidos, ou, pelo menos, dos cinco sentidos. É possível que haja uma sexta ou sétima via de acesso à mente, mas também é possível que a própria mente conheça métodos especiais de apreensão dos fatos, sem utilização dos sentidos habituais. Acresce que durante o desprendimento do sono, o Espírito também se move, aprende, ensina e se comunica com seus companheiros encarnados e desencarnados.

Por conseguinte, é legítima a base do conceito aristotélico, mas o desenvolvimento posterior do conhecimento humano já demonstrou que não descobrimos ainda todos os sentidos ou o próprio Espírito se utiliza de métodos ainda desconhecidos na sua busca da verdade. Seja qual for a alternativa, uma coisa é certa: o mecanismo sensorial é essencialmente espiritual, manifestando-se no corpo físico apenas como a eletricidade que faz acender uma lâmpada. Quando morre o corpo, o Espírito se retira com todas as suas faculdades, suas ideias, sua memória, seus conhecimentos, sua estatura moral. O que fica, no corpo, é um amontoado desorganizado de células que já executaram sua tarefa, utilíssima, muito nobre, na verdade, mas limitada e meramente instrumental.

17
A lição da água poluída

Antes de alcançar o quilômetro zero da Rodovia Presidente Dutra, a Avenida Brasil atravessa, na altura de Manguinhos, um canal de águas poluídas que escorrem preguiçosamente para o mar. Aquela água fétida me ensinou uma lição que talvez valha a pena transmitir ao leitor.

Aquela água, pensava eu, não foi sempre suja. Estou certo de que, se remontarmos às suas nascentes, a encontraremos pura e fresca como a inocência. Foi no seu curso, rio abaixo, que a contaminaram com detritos, lixo e podridão.

Também nós, Espíritos, somos criados puros, como diz a boa Doutrina, e seguimos o nosso curso. Se não nos defendermos e não nos preservarmos, vamo-nos contaminando com os detritos espirituais, colhidos ao longo do nosso caminho. Insensivelmente, vamo-nos tornando imprestáveis para nós mesmos e para o nosso semelhante. Passamos a ser meros veículos de poluição. Não fomos sempre assim: as fontes das quais emanamos são puras e nobres, mas, se não escolhemos os caminhos por onde andamos, a cristalina beleza, que nos foi dada no início, se tolda na impureza das nossas paixões, no ímpeto das nossas vaidades.

    Isso, aliás, acontece também com quase todas as grandes doutrinas que nos legaram eminentes Espíritos. De tempos em tempos, vem das alturas um grande vulto espiritual trazer-nos a sua contribuição para o progresso da Humanidade. Aquilo que prega aos que têm a ventura de ouvi-lo, em primeira mão, é belo e simples como a verdade, mas o que se transmite depois, por tradição oral ou escrita, começa logo a se mutilar e contaminar-se de ideias impuras; o que era amor se transforma, pouco a pouco, em ódio; o que era caridade turva-se pela intolerância; o que era fraternidade mancha-se de rivalidade. E enquanto o rio, como o tempo, segue o seu curso implacável, os sedentos que buscam nas águas um refrigério encontram-na maculada, conspurcada, imprestável para aplacar a sede da alma que sonha com a paz divina.

    Tal como os rios, porém, as doutrinas poluídas podem ser alcançadas, ainda puras e frescas, nas suas origens. A água pode estar suja aqui, mas é límpida e cristalina lá, onde nasceu e onde continua a jorrar generosamente, incessantemente. A impureza não lhe é própria — é estranha, espúria, provém de detritos que lhe atiraram ao longo do curso. A água que escorre pelas matas, onde ainda não chegou a civilização, chega pura ao seu destino. Nela vivem multidões de peixes e de seres. Nela se dessedentam todos os animais da Criação. Nela se mira a face tranquila da Lua e nela acende o Sol fulgores inesperados. Ela canta entre as pedras, aprofunda-se nas represas, espadana-se nas cachoeiras irisadas. É difícil, porém, senão impossível, ao mais modesto riacho atravessar uma cidade, ou mesmo um lugarejo, e continuar puro como entrou. Impiedosamente, retiramos a sua água limpa e lha devolvemos maculada.

A lição da água poluída

Nem por isso, no entanto, elas deixarão de seguir o seu destino e prestar o seu serviço.

Há outras lições, porém, nas águas que escorrem inexoráveis. É que elas também renascem. Uma boa parte se evapora, numa imitação de espiritualização, e sobe para o céu, de onde desaba transmutada em chuva generosa sobre a terra. Vai impulsionar a germinação e o crescimento das plantas, vai ajudar um novo ciclo de vida. Vai infiltrar-se pelo chão adentro e renascer alhures, purificada nos imensos filtros da Natureza.

Lição prodigiosa essa que precisaria, para explaná-la, a erudição e a oratória de um Vieira renascido. Diria ele, na riqueza das suas imagens e na pureza do seu verbo, que a água renascida é água purificada; é água que veio servir de novo, na humildade do seu mister; é água que se recuperou às angústias da podridão e recomeçou a sua tarefa, incansável; é água que não teme atravessar cidades e não teme receber detritos, porque a mão invisível de Deus a conduz e a faz filtrar-se e renascer tão pura e fresca como dantes; é água que mata a sede; é água que banha; é água que limpa; é água que recebe fluidos espirituais e se transforma em veículo da recuperação; é água sobre a qual flutuam embarcações, fatores de comunicação, entendimento e comércio entre os homens; é água que serve sem queixas, sem mágoas, sem ressentimentos, sem angústias, ao bom e ao que ainda não descobriu a bondade; é água que, à semelhança do Sol, nasce para o justo e para o injusto, como diz o Livro.

Depois dessa inesperada meditação, não mais tive desgosto ao contemplar as escuras águas do canal, em Manguinhos. Sei que, nas suas origens, continua virginal; sei que, mesmo impura, continua a servir, arrastando para longe os detritos que atiraram à sua face, sei que o seu destino é purificar-se novamente para novamente servir.

18
Perfection is not an accident

Durante os anos em que exerci minha atividade profisional na gigantesca Nova Iorque, eu passava diariamente, pela manhã num sentido e pela tarde noutro, diante de uma fábrica, nos arredores da cidade, que trazia na sua fachada aquele dístico: *Perfection is not an accident.* Realmente, a perfeição não é obra do acaso.

Para a indústria de Long Island, a frase era apenas um *slogan* comercial com o objetivo de evidenciar o cuidado que seus técnicos e seus artífices punham no trabalho executado, a fim de oferecerem à venda um produto perfeito.

Volvidos os anos — e já se foram mais de doze desde que retornei ao Brasil —, não vejo mais o *slogan* da fábrica americana brilhando nas manhãs geladas de inverno, acima dos telhados cobertos de neve, nem à noitinha, já meio oculto pela doce meia-luz do crepúsculo. No entanto, coisa curiosa, passei a ver o dístico com os olhos do espírito, revestido de um novo e mais profundo sentido. Não é mais uma frase para ajudar a vender determinado produto que nem sei mais qual seja. O conhecimento espiritual que a gente vai adquirindo, através do tempo, insensivelmente nos vai levando a descobrir sentido novo em velhas noções e velhas verdades em coisas novas.

De fato, a perfeição não é um mero acidente. Resulta de um esforço individual contínuo, sem desfalecimentos, vencendo nossas próprias deficiências e fraquezas. Quando seguramos um peso pela mão, também fazemos esse esforço contínuo que se renova a cada momento, vigilante, ainda que às vezes inconsciente. A qualquer relaxamento, o peso nos escapa. Embora não o percebamos muito bem, porque nem sempre analisamos essas pequeninas coisas importantes, o que mantém o corpo suspenso pela nossa mão é uma vitória do trabalho que, segundo por segundo, vai vencendo a gravidade. A força que arrasta o corpo para o chão luta contra a nossa vontade de não deixá-lo cair. Ao menor descuido, à menor imperícia, lá se nos escapa o corpo de encontro ao solo.

O esforço no caminho da perfeição é também assim; exige tudo de nós: concentrada atenção nos seus objetivos e vigilância, para que não se relaxem esses propósitos, pequeninas vitórias aparentemente inexpressivas que se vão somando e produzem conquistas maiores. Basta abrir um pouco os dedos para que o peso escorregue para baixo, tentando arrastar-nos.

Certamente que a perfeição é trabalho individual antes de produzir resultados coletivos. Nenhuma comunidade se aperfeiçoa senão quando seus membros buscam individualmente a perfeição. É o que nos ensinam os Espíritos, é o que verificamos na observação diária, é o que facilmente descobrimos estar apoiado na lógica. A sociedade é a soma dos indivíduos que a compõem. Esclarece a lei mecânica que a corrente tem a resistência do seu elo mais fraco. A busca da perfeição tem de ser, assim, uma permanente eliminação de todos os nossos pontos fracos, nossos pequenos e grandes defeitos, numa reorientação das nossas paixões, para que o nosso trabalho individual vá aos poucos juntando-se ao daqueles que nos cercam. Ao cabo de algum tempo, toda a corrente terá a mesma resistência e servirá para sustentar o mundo num novo plano de realizações.

Por outro lado, à medida que caminhamos no encalço da perfeição, vamos ficando cada vez mais ansiosos por ela. Isso porque o Espírito não se desenvolve ao mesmo tempo em todas as suas potencialidades. Nas suas origens é simples e perfectível, mas ainda imaturo para escolher os seus próprios roteiros. Essa imaturidade leva-o a escolher mal e muitas vezes a atirar-se afoitamente por atalhos, com a falaz intenção de burlar as Leis divinas. Vemos, então, o Espírito muito ilustrado intelectualmente e, no entanto, deficiente do ponto de vista moral. De outras vezes, vemos o Espírito que já alcançou um patamar elevado de moral e conhecimento, mas ainda com tanta coisa que perfazer e refazer... Sente-se moralmente pronto para alcançar planos mais elevados, conviver com seres mais aperfeiçoados e, no entanto, ainda está amarrado a antiquíssimos compromissos por liquidar. Ainda precisa ajudar companheiros que, no seu antigo orgulho, espezinhou e aniquilou. Ainda precisa recompor-se com as vítimas de sua antiga intolerância. Está em paz, na paz infinita de Deus, mas ainda preso aos ambientes tumultuados em que vivem seculares desafetos que não tiveram, como ele, a ventura de caminhar um pouco mais. Sonha com a harmonia que sabe existir lá na frente, mas ainda se demora um pouco na dor, a fim de que, uma vez alcançada a glória da serenidade, não volte a sentir as aflições dos remorsos mal curados.

Por tudo isso, a perfeição parece distanciar-se, cada vez mais, à medida que mais perto chegamos dela. É que quanto mais junto dela, mais fortemente são iluminados os nossos defeitos e fraquezas. Não que sejamos pecadores irremediáveis, como parecia acreditar o grande Apóstolo dos gentios. Preso à velha teologia bíblica, achava Paulo que por intermédio de Adão entrou o pecado no mundo e, por isso, ficamos, todas as criaturas, inclinadas ao mal. Era a doutrina da época e não podemos, nem desejamos, nem temos autoridade para censurar o grande teólogo de Tarso. Hoje, com as luzes da Doutrina dos Espíritos, conseguimos ver melhor. Ao contrário do que ensinava a pessimista doutrina da queda, o homem é, inapelavelmente, inclinado ao bem, caminha irremediavelmente para a perfeição, até a despeito de si mesmo. Como dizia o eminente pensador Alfred North Whitehead, o grande segredo do universo moral é a instabilidade do mal, por conseguinte, a estabilidade do bem para o qual todos caminhamos. O mal é um incidente passageiro, logo absorvido no grande e imperturbável equilíbrio das leis cósmicas.

Não sabemos ainda onde está a perfeição e quanto tempo — em escala humana — levaremos para atingi-la. Sabemos, porém, graças aos novos conhecimentos trazidos até nós, que a perfeição não é dom que recebemos de presente, sem esforço e sem mérito. Temos que conquistá-la palmo a palmo, cantando de alegria às vezes, mas quase sempre lutando sem desfalecimento contra a persistência dos nossos erros. No entanto, as sementes do bem estão plantadas em nós, a fagulha divina que animou os nossos primeiros movimentos ainda inconscientes vai alastrando o fogaréu que consome as nossas deficiências morais. Ao cabo de algum tempo, estaremos envolvidos numa luz imensa e brilhante que iluminará não apenas os nossos próprios caminhos, mas as veredas por onde ainda tropeçam companheiros nossos retardatários.

Perfection is not an accident

É o que fazem hoje conosco aqueles que foram à nossa frente e já se acham envolvidos pela luz que conseguiram acender nos seus Espíritos com a pequenina fagulha que Deus nos outorgou a todos. Assim estão e lá chegaram porque desde muitos séculos descobriram e praticaram a filosofia tão simples de que a perfeição não é obra do acaso, nem resulta de um exercício gratuito da graça de Deus. É a doutrina da responsabilidade individual pregada por Kardec, segundo a qual temos o mérito das nossas conquistas e o ônus das nossas falhas.

É à custa de corrigir erros cometidos, de levantar-se após as quedas, de substituir pensamentos de inveja, de vaidade, de egoísmo, por gestos de amizade, de humildade, de renúncia; de aprender a vencer a angústia, a suportar a dor que regenera e, ao mesmo tempo, evitar novos enganos que trariam novas dores, é à custa desse esforço que avançamos. Caminhar para a perfeição é lutar por ela, a cada minuto, por séculos afora. É vigiar cada pensamento e expulsar prontamente aquele que não harmonize com o nosso interesse espiritual. É ter a paciência de esperar pelo amadurecimento, processo natural, conquista do trabalho incessante e da vigilância permanente. É esperar em silêncio, sem mágoas, sem gritos de dor, guardando, no fundo do ser, não a angústia de não estarmos ainda nos planos da perfeição, mas a insatisfação com nós mesmos, porque ainda estamos atados às nossas imperfeições.

Descobri, assim, ao fim de alguns anos, o sentido profundo daquele mero *slogan* comercial que brilhava através da janela do meu *subway* na imensa Nova Iorque. É verdade, sim: *Perfection is not an accident.*

19
O grão de areia e a montanha

Muita gente pensa que, por estar trabalhando na *seara do Senhor*, esteja livre de percalços e aflições e até mesmo possa resolver facilmente certos problemas de ordem puramente humana ou material. Nada disso. Primeiro que o nosso trabalho em favor de uma doutrina de recuperação moral como é o Espiritismo é mais do que uma obrigação: constitui verdadeiro privilégio. Se estamos honestamente interessados em realizá-lo, se damos o melhor de nós mesmos por ele, se procuramos, enfim, melhorar o nosso irmão e a nós próprios, é porque já recebemos de mais Alto essa orientação sadia. É porque já nos encontramos no caminho certo e, portanto, o interesse é nosso em progredir. Em segundo lugar, é preciso não esquecer que, exatamente por estarmos alistados nas tropas do bem, nos colocamos ostensivamente em oposição às forças negativas que desejam o retardamento do progresso espiritual e lutam por ele. Tornamo-nos, assim, alvos de ataques mais violentos daqueles que ainda não descobriram que só caminhamos para a frente depois que a luz da verdade, do amor e da caridade vai alumiando as nossas veredas.

Sem a compreensão desse mecanismo, as coisas se tornam muito obscuras ao nosso entendimento. Como é que vamos entender o fato de que, justamente quando queremos praticar o bem e evoluir espiritualmente, começamos a sofrer tantos reveses, a enfrentar tantas dificuldades e a encontrar em nós mesmos tantas fraquezas?

Ainda há pouco, procurou-me uma digna senhora, mãe e esposa, em estado de aflição e desespero, diante da desorientação do seu esposo, companheiro de tantos anos. Pedi-lhe que tivesse calma, que procurasse, primeiro de tudo, tranquilizar o seu espírito, porque em estado de crise emocional não podemos pensar direito e, muito menos, resolver situações difíceis. Que pedisse a ajuda de Deus, qualquer que fosse a sua crença. Ela me respondeu que pedia sempre e ardentemente, mas que Deus não a atendia: as coisas iam sempre de mal a pior... Tentei explicar-lhe que nem sempre aquilo que pedimos é o que mais convém ao nosso espírito. Além do mais, sendo Deus justo, como é, não vai permitir que sofram aqueles que nada devem. Seria ela capaz de punir um filho por uma falta que não cometeu?

É muito difícil, porém, fazer entender essa doutrina moral a quem ainda não tem o mínimo conhecimento das leis do espírito, especialmente a quem não admite a lei da reencarnação. Sabe-se lá dos compromissos cármicos que trazemos de passadas vidas? Se fossem atendidas as nossas preces da maneira que desejamos, ficaríamos livres do sofrimento moral e até físico que tanto nos aflige, mas estaríamos em pleno regime de irresponsabilidade, de estagnação espiritual. Isso não interessa ao nosso espírito e nem mesmo é possível dentro de um universo em contínuo progresso e movimento. Infelizmente, para muitos de nós, o aguilhão da dor é a única maneira de nos fazer andar para a frente e reparar os erros do passado. Não que isso seja necessário, porque as leis do Espírito contêm dispositivos que nos permitem caminhar sem sofrimento e sem revolta, mas que se há de fazer se às vezes preferimos os atalhos cheios de pedras e espinhos em vez da estrada plana e luminosa?

Assim, sofremos quase todos. Uns porque ainda não aprenderam as primeiras lições da verdade e investem cegamente na direção da dor; outros porque, embora já tenham começado a aprender as suas lições, se expõem às vibrações negativas dos que ainda têm a tola pretensão de obstruir a marcha do espírito humano.

Muito cuidado, pois, aqueles que se acham em trabalho de renovação moral. Nunca é demais repetir a bimilenar advertência do Mestre: *Orai e vigiai*. Essa observação é particularmente válida para aqueles cujo trabalho na divulgação do ideal espírita é recebido com palavras de aplauso e apreciação dos demais irmãos e companheiros trabalhadores. Diante do aplauso que o nosso trabalho recebe, a velha vaidade, que ainda não morreu em nós, pode, mais uma vez, levantar a cabeça recoberta pelo ouro falso com que compramos, no passado, as lágrimas de hoje. Diante das palmas e dos cumprimentos que recebemos aqui e ali, podemos achar que Deus precisa de nós para a sua obra criadora, que Jesus depende de nós para fazer progredir a Humanidade. Nada mais falso e ilusório. Se estamos trabalhando para o bem, pertencemos à grande equipe do amor que há de prevalecer um dia sobre toda a Terra, mas nosso trabalho, por mais importante que pareça aos olhos da nossa vaidade, é apenas um grãozinho invisível de areia nas montanhas altaneiras da obra divina. E que diferença faz um grão de areia a mais ou a menos nessa cordilheira de Himalaias? No entanto, mesmo aqui é preciso um cuidado infinito e muito equilíbrio para não recairmos no outro extremo e, por julgar a nossa contribuição demasiado inexpressiva, abandonar de uma vez o trabalho da seara. Muito curioso isto, porque o grão de areia nada é diante da montanha, mas sem ele não existiria a montanha.

Precisamos, pois, de uma exata consciência da nossa tarefa, sem esquecer jamais que ela é mais importante para nós do que para as forças superiores que ordenaram e que sustêm o Universo. Assim encarada, a nossa tarefa é, ao mesmo tempo, muito relevante, muito importante e bastante modesta. O mesmo vento que sopra da montanha milhões de grãos de pó, nela deposita outros milhões, enquanto abrimos e fechamos os nossos olhos.

Orando e vigiando, teremos sempre presente no espírito a grandeza da nossa insignificância e a insignificância da nossa grandeza. Somos grandes pela centelha divina que brilha no fundo de nós; somos nada diante daquele que colocou em nós a eterna fagulha.

20
O segredo da grande esfinge

Muita gente esperava reformas bem mais profundas do Concílio Ecumênico Vaticano II, cuja realização custou catorze bilhões de cruzeiros, segundo balanço divulgado pelo *Osservatore Della Domenica*. E não apenas os leigos ou até mesmo indiferentes de toda questão religiosa, mas também muitos sacerdotes católicos, nos vários escalões da hierarquia eclesiástica, ficaram um tanto decepcionados. Não obstante, a tradição da Igreja não justificava tal esperança, nem a sua logística. Mesmo admitindo-se que a primeira pudesse ser desrespeitada ou pelo menos abandonada, a essência mesma do arcabouço doutrinário da Igreja é necessariamente rígida. Sem essa rigidez, que garante a estabilidade dos dogmas, não haveria doutrina católica tal como a conhecemos. Claro que os teólogos mais esclarecidos já descobriram, de há muito, que os dogmas que pareciam rochedos inabaláveis se reduziram a seixos e calhaus que, longe de indicarem o caminho da salvação aos fiéis, se transformaram em verdadeiros tropeços. Aí, porém, está o dilema inescapável da Igreja: se não pode sobreviver sem os seus dogmas, como é que vai sobreviver com eles?

Um exame panorâmico na história da Igreja revela que, basicamente, há três fases distintas no desenvolvimento da instituição: um período em que só pregavam e praticavam os ensinamentos recebidos diretamente de Jesus, por via daqueles que conviveram com o Mestre; um período em que se "reformou" a Igreja, introduzindo a era dos teólogos criadores de dogmas, e, finalmente, o período atual em que os dogmas já vão se tornando incômodos diante do progresso.

A primeira fase durou pouco mais de três séculos. Era o Cristianismo ainda incontaminado pelas interpretações teológicas, embora com os retoques doutrinários de Paulo. A tradição histórica de Jesus ainda estava muito próxima e os textos deixados por escritores que conversaram diretamente com os apóstolos ainda não tinham sido mutilados e interpelados.

A segunda fase começa com o Concílio de Niceia, em 325, quando se decidiu, *por votação*, que Jesus era Deus, uma das pessoas da Santíssima Trindade, e se redigiu o documento básico da fé católica, o Credo. Daí em diante é tudo elaboração sobre doutrinas preexistentes e não mais criação original. Os teólogos apenas procuravam conciliar as doutrinas católicas com os novos conhecimentos que iam emergindo numa sociedade eminentemente progressista como é a Humanidade. Até hoje, os dois vultos máximos da Teologia católica continuam sendo Agostinho e Tomás de Aquino, e a obra que deixaram se consagrou como praticamente definitiva quanto à fixação das principais correntes teológicas.

No entanto, à medida que avança o homem na excogitação dos grandes problemas, vão aparecendo os buracos e os remendos na tessitura doutrinária do Catolicismo. Não é segredo para ninguém que a Igreja fez o que pôde, tenazmente, para deter, ou, pelo menos, retardar a marcha do conhecimento. Também isso é da mais legítima tradição teológica. Lá está no *Gênesis* que, ao colocar as suas duas criaturas no paraíso, o Senhor lhes proibiu que provassem o fruto do conhecimento. Deveriam viver pela eternidade afora na mais angelical das ignorâncias. Quando desobedeceram, foram expulsas e condenadas a uma existência de trabalhos e sofrimentos, deixaram a convivência do seu Criador e, segundo os teólogos católicos, o demônio adquiriu poder sobre elas, o que dantes, ao que se supõe, não acontecia. Essa linguagem simbólica só quer dizer uma coisa: que do ponto de vista teológico seria melhor que o homem vivesse na santa ignorância, deixando aos teólogos o duro trabalho de pensar por ele. Ao que tudo indica, entretanto, não é essa a vontade de Deus, porque dotou o homem de inteligência e curiosidade, tornando o progresso e a evolução inelutáveis.

Às vezes a Igreja põe as ideias novas em quarentena apenas por prudência, a ver como se desenvolvem, para então pronunciar-se. Aliás, age da mesma forma quanto aos seus próprios membros. Não basta que se vá dizer ao Papa que alguém viveu e morreu em santidade para ser imediatamente canonizado. O processo é lento e custoso. De outras vezes, porém, a Igreja se lança com todo o seu prestígio e poder contra uma ideia ou uma descoberta porque vai contrariar frontalmente um ou mais de seus dogmas. Sempre o dogma...

O exemplo mais dramático dessa atitude foi a teoria do heliocentrismo de Copérnico. Para os teólogos, de *Bíblia* na mão, a Terra, e não o Sol, era o centro de todo o mecanismo celeste. Mas a obra de Copérnico passou algo despercebida e circulou mais tarde entre os entendidos e, por isso, não provocou grande celeuma. Quando Galileu retomou a questão, mais tarde, aí, sim, a Igreja entrou em ação e, além de obrigar Galileu ao retratamento, proibiu qualquer referência escrita ao sistema de Copérnico. Acontece que os astrônomos do mundo inteiro, mesmo com seus instrumentos ainda primitivos, começaram a confirmar a teoria de Copérnico e Galileu. Não apenas astrônomos leigos, ateus e heréticos, mas até mesmo sacerdotes católicos estudiosos, como sempre os houve, especialmente entre os eruditos jesuítas. A coisa durou séculos. Até 1822, a Igreja só admitia que se referisse ao heliocentrismo *como hipótese*. A doutíssima e poderosa Inquisição só então decidiu tolerar (notem bem: tolerar) obras que cuidassem "do movimento e da imobilidade do Sol, de acordo com a opinião comumente admitida pelos astrônomos modernos".

Está no livro *Os jesuítas, seus segredos e seu poder*, do escritor alemão René Füllöp-Miller.

Não se precisa dizer mais nada para se compreender quanto custou esse retratamento, quanto doeu à Igreja recuar de uma posição que havia assumido com tamanha intransigência. Também se compreende que daí em diante tenha sido cada vez mais cautelosa em colocar o peso da sua autoridade em apoio ou contra esta ou aquela ideia.

Não vai nestas observações censura alguma ao modo de agir dos responsáveis pela política da Igreja e pela sua estrutura teológica. É a *sua* verdade e tem de ser defendida a qualquer custo. Também os protestantes investiram contra a teoria de Copérnico, com tanto ou mais zelo teológico quanto o dos católicos. Há, a respeito, o pronunciamento veementíssimo de Melanchthon, o primeiro teólogo da Reforma.

Aliás, por falar em Reforma, convém lembrar que Lutero e seus seguidores, ao perceberem a significação do conflito inevitável entre Ciência e dogmatismo, tentaram, num esforço desesperado, "libertar" a Religião do jugo da razão. A fé tinha que ser absolutamente cega e só pela fé poderia alguém salvar-se. Não importa a falta de lógica da doutrina da expiação eterna ou da existência do demônio que, sendo uma criatura de Deus, anjo decaído, tenha sido investido de poderes bastantes para perturbar a obra do seu Criador e até tentar a Jesus, uma das pessoas da divindade. Nada disso importa. A fé mandou aceitar — a razão que se arranje... Ponto de vista diametralmente oposto adotaria Kardec, configurando claramente que a fé só é legítima quando passada pelo crivo da razão.

Sob muitos aspectos, o ponto de vista do Luteranismo foi apenas uma enfatização do que, mais discretamente, sempre defendeu o próprio Catolicismo. Os teólogos católicos que se arriscaram a invocar a razão, para examinar certas doutrinas, passaram por maus pedaços, quando não foram sumariamente excomungados ou destroçados.

O progresso, no entanto, é inexorável e quem não vai com ele fica esmagado. Por isso, de tempos em tempos, em face da verdadeira massa de incongruências e controvérsias que se acumulam em torno de certos princípios doutrinários, a Igreja reúne um concílio. Mas que ninguém se iluda. Por mais que se insista na tese do espírito de renovação e progressista da Igreja, a verdade dura e pura é que a convocação de um concílio revela um estado de crise relativamente aguda, tão certo quanto a febre indica estado de infecção. Vejam a História, que há abundante literatura profana sobre cada um dos concílios. Às vezes para erradicar uma heresia; de outras, para recuperar a unidade interna ou reforçar ou restabelecer a autoridade do Papa, mas sempre em épocas difíceis para a Igreja.

O primeiro concílio realizou-se no ano 49, ao que parece por sugestão do apóstolo Paulo, a fim de dirimir a primeira crise de grandes proporções do Cristianismo nascente e que consistia em resolver a importantíssima questão Judaísmo *versus* helenização. Seria o Cristianismo apenas uma seita judaica? Era necessário ser judeu e circuncidado para ser cristão? Ou o Cristianismo seria uma religião universal a ser pregada também aos gentios?

"O problema" — diz Daniel-Rops na sua insuspeita *História da Igreja de Cristo*, vol. I, pág. 95 — "[era] demasiado grave para poder ser encarado de esguelha e ao acaso das circunstâncias." A desinteligência entre Paulo, que era universalista, e os demais apóstolos, que se batiam por um Cristianismo judaico, foi seriíssima.

Outros concílios de menor significação foram realizados com relativa frequência, especialmente na igreja oriental. Vamos dar uma rapidíssima olhada, apenas nos mais importantes.

Em Niceia, no ano 325, organizou-se o primeiro concílio chamado ecumênico, ou seja, universal. Esse foi o padrão e modelo para os demais. Nesse tempo — diz Rops — "pesava sobre a Igreja uma grave ameaça de divisão, bem pior ainda do que aquela que ele (Constantino) julgava ter evitado na África". Era a heresia do arianismo, que negava a divindade de Jesus. Quando, em pleno concílio, Árius declarou que, como homem, Jesus poderia errar e até pecar, levantou-se um grito uníssono de horror.

Foi tão forte essa heresia que em 381 ainda se lutava contra ela e outro concílio foi convocado para Constantinopla, "onde ela era ainda poderosa e os seus últimos protagonistas... tiveram de dar lugar aos católicos...". É o que diz Rops e acrescenta que o "concílio, depois de muitas discussões, punha fim a todas as discussões dogmáticas suscitadas depois de Niceia pela proliferação do erro...".

Em Pisa, em 1409, reuniram-se 24 cardeais para discutir o problema do cisma e da heresia. Esse concílio depôs dois

Papas e elegeu outro, mas como os dois não quiseram deixar o poder, ficou a Igreja com três pontífices em vez de dois: um em Roma, outro em Pisa e um terceiro em Avignon, na França.

Em 1414, diante do Grande Cisma, em que a Igreja se repartia por três Papas, reuniu-se o Concílio de Constança, com o objetivo de "pôr termo ao escândalo da grande dilaceração", decretar medidas que suprimissem os abusos de simonia (comércio de coisas sagradas e de posições eclesiásticas) e do nicolaísmo (existência de mulheres comuns a muitos homens) e aniquilar as heresias. As heresias do momento eram as de Wyclif que, embora morto, tivera suas ideias revitalizadas por Jan Hus. Esse foi o concílio que mandou queimar Hus.

Em Basileia, em 1431, continuou o grande debate iniciado em Sena, sete anos antes. A época era conturbada, dentro e fora da Igreja. Na Boêmia fumegava a guerra dos hussitas; Filipe, o Bom, disputava com Frederico da Áustria; Joana d'Arc estava às vésperas da fogueira, e a França anarquizada, política e socialmente. O próprio Rops declara que a reunião foi "...uma espécie de conciliábulo em que um quarteirão de abades, uns cinquenta clérigos e uma porção de universitários se fartaram de gritar em voz alta que estavam ali para representar a Igreja Universal".

O Papa Eugênio IV cassou a autoridade do Concílio e convocou outro para Bolonha. Em resposta, os eclesiásticos reunidos disseram que não sairiam senão pela força. Em 1433, Eugênio recuou, reconhecendo a autoridade do Concílio e convocando os demais sacerdotes para comparecerem. "A Cristandade" — diz Daniel-Rops — "tinha medo de ver renascer o cisma".

Em 1545, sob a tremenda pressão da Reforma Protestante, a Igreja, novamente em crise, viu que precisava também reformar-se e reuniu o Concílio de Trento. Nova heresia, novas crises. "Dialeticamente", reconhece Rops, "foi da Igreja de Wittenberg e da Confissão de Augsburg (ou seja, do Protestantismo) que saiu, em grande parte, a Igreja do Concílio de Trento."

Assim também o Concílio Vaticano II foi determinado pela grande crise cujo espírito ficou tão bem sintetizado na sua própria documentação, num papel que se intitulou "A Igreja e o Mundo Moderno". Esse foi o *leitmotiv* do Concílio. Os teólogos mais esclarecidos estão perplexos diante do mundo moderno que as suas doutrinas não mais explicam; seus fiéis fazem perguntas a que eles não podem responder de maneira satisfatória e apresentam objeções para as quais não são mais aceitas as velhas explicações do mistério ou da fé cega. Além do mais, as forças que se constituíram à margem ou em oposição à Igreja de Roma são hoje imensas e poderosas também. Não podem mais ser ignoradas. É o caso do Protestantismo, que, a despeito de algumas divergências mais ou menos ponderáveis, tem mais pontos de contato do que de oposição diante do Catolicismo. Têm em comum, praticamente, a mesma *Bíblia*, os mesmos Evangelhos, reconhecem o mesmo Mestre, e muitas das doutrinas mais queridas e enraizadas são as mesmas ou quase iguais de um lado e de outro. Por que, então, se maltratarem quando se podem unir contra os terríveis inimigos de ambas, como o materialismo agnóstico ou o comunismo ateu? Quanto aos judeus, como insistir na política de ódio racista pelo fato de que há quase dois mil anos alguns judeus assassinaram o Cristo? Não faz muito sentido.

Daí por que as reformas do Concílio Vaticano II foram exatamente aquelas que eram de se esperar da tradição eclesiástica. Nem mais nem menos. Sem nenhuma intenção trocadilhista, os documentos que o Concílio produziu são declarações conciliadoras. Acenam para protestantes, anglicanos, ortodoxos e judeus com uma nova mentalidade de espírito desarmado em relação a esses *irmãos separados*. Notem bem a palavra separados. Quem se separa, afasta-se de alguém, de algum lugar ou de alguma ideia. O que fica é, presumivelmente, o melhor. Aliás, não se faz segredo disso. Em todos os papéis se insiste em que a Igreja admite a liberdade religiosa para todos, mas continua a declarar enfaticamente que a única verdade é a sua. Também isso é lógico dentro do ponto de vista filosófico. Quem vai continuar a respeitar uma verdade em que não acredite com toda a força do seu espírito? O dia em que a Igreja declarar que *os outros* também podem estar certos, então terá assinado a sua sentença de morte.

Bem pensado, o argumento pode ser revertido: o Judaísmo poderia usá-lo com idêntica motivação, classificando as igrejas cristãs de *irmãs separadas* e propor-lhes o retorno à lei de Moisés...

Dessa forma, o espírito desarmado é o primeiro passo, cauteloso mas decidido, no sentido de se conseguir, pelo menos, lutar pela união de todos os credos, sob a tutela da Igreja Católica Apostólica Romana, evidentemente. Os irmãos separados que venham até a Igreja e se reúnam sob a mesma bandeira, sob os mesmos dogmas, sob o mesmo Papa. Protestantes, judeus, ortodoxos e anglicanos que se acolham ao seio carinhoso da Santa Madre Igreja, que esse é o sonho bimilenar de todas as cabeças que têm sustentado a tiara papal. A ideia é belíssima, respeitável, compreensível e, até certo ponto, exequível, pelo menos quanto aos protestantes, penso eu, e aos ortodoxos. Removidos alguns obstáculos — com o tempo, naturalmente —, não seria de admirar-se que, no mínimo, algumas denominações protestantes aderissem ao esquema católico, senão como um movimento unificado totalmente, ao menos como forças paralelas e complementares que se estimam e se apoiam. A Igreja também fará algumas concessões mais ou menos inócuas, mas de considerável alcance nesse sentido, para obter aquele prêmio. Já vimos que se permite hoje, no Catolicismo, a comunhão em duas espécies, pão e vinho, em ocasiões especiais. Ora, a comunhão sob duas espécies foi o grande cavalo de batalha da Reforma Protestante. O celibato sacerdotal católico também mostra sinais de pré-agonia, ainda que venha a durar decênios...

De modo que o tema central do Concílio foi a posição diante do progresso e, em consequência, a necessidade de uma atitude mais conciliatória com relação aos *irmãos separados*. (Não sei se nós, espíritas, também fomos considerados como irmãos separados...) Observa-se claramente isso das decisões tomadas. Aliás, o acompanhamento dos acalorados debates pelos jornais foi uma aventura emocionante para o leitor comum, mesmo quando sabemos que somente extravasou para a imprensa um mínimo possível. Muita coisa ficou no segredo das discussões intramuros, fechadíssimas, ou no murmúrio das antessalas e dos corredores do Vaticano.

Houve, porém, o suficiente para se sentir o verdadeiro corpo a corpo que se travou entre a ala conservadora, minoritária, mas tremendamente ativa e bem representada, e a ala mais liberal, progressista e reformista. Tivesse prevalecido a opinião da minoria conservadora, não teria saído praticamente nem um dos decretos que vimos. A dominar de modo mais declarado a corrente liberal, a reforma seria realmente de grande envergadura, muito mais profunda e revolucionária do que se imagina.

Vejam, para isso, os fragmentos de opiniões que transpiraram para nós leigos. Enquanto o Cardeal Spellman, de Nova Iorque, declarava que a liberdade religiosa "é a verdade sobre a qual se fundam todos os direitos humanos e sociais", o Cardeal Benjamin de Arriba y Castro, de Tarragona, Espanha, levantava-se imediatamente para proclamar que "somente a Igreja Católica tem o direito de pregar o Evangelho".

Os debates acerca da liberdade religiosa foram sempre nesse tom áspero, embora diplomático e civilizado, e consumiram um tempo enorme. Monsenhor Luigi Carli, Bispo de Segni, na Itália, achou que a redação dada à declaração sobre a liberdade religiosa fora feita por sacerdotes interessados em "deformar e distorcer as Sagradas Escrituras, para pô-las de acordo com uma ideia moderna".

Enquanto isso, Monsenhor Emílio Tagle Covarrubias, de Valparaíso, é mais enfático, dizendo que o documento, embora mereça apoio em certos aspectos, "demonstra uma benevolência indevida para com as falsas religiões".

Mas que são falsas religiões? E por que são falsas? E a finalidade não era mesmo a de estender a mão a todos?

De certa forma, o Concílio foi também um monumental e ressonante muro de lamentações, diante do qual sacerdotes do mundo inteiro fizeram ouvir verdadeiras confissões públicas das mais veementes. Um desinibido eclesiástico inglês, Monsenhor John Heenan, Cardeal Arcebispo de Westminster, afirmou que "seria uma falsidade tentar desmentir o bem conhecido fato das perseguições sofridas pelos protestantes em certos países, por parte dos católicos", e pediu uma nítida "declaração que erige em doutrina da Igreja o princípio da liberdade religiosa".

Mais adiante, acrescenta que onde o Catolicismo é minoritário, insiste em liberdade religiosa; onde é majoritário e apoiado pelo poder temporal, somente "falamos nos chamados direitos da verdade". E depois: "Na verdade, não passa de uma farsa a doutrina católica que prega uma lei, quando somos ricos e fortes, e outra muito diferente quando somos pobres e fracos".

No entanto, essa tem sido a tônica na política mundial da Igreja. Nos países em que o Catolicismo dominava de cima para baixo, exercendo influência, às vezes tirânica, sobre príncipes, reis e governantes em geral, pregava-se o princípio *cuius regio, eius religio*, ou seja, o povo era obrigado a seguir a religião do seu rei. Quando, porém, os sacerdotes dominavam segmentos importantes das massas, mas não tinham acesso aos heréticos ou ateus no poder, ensinavam que o povo tem o direito de questionar a validade da religião de seus dirigentes.

A despeito de toda a argumentação da ala reformista, os conservadores, liderados pelo poderoso e dinâmico Cardeal Ottaviani — que quase foi Papa e ainda poderá sê-lo —, proclamavam que a declaração sobre a liberdade religiosa era "absolutamente inaceitável", enquanto Monsenhor Custódio Alvim, Arcebispo de Lourenço Marques, na África, tachava esse papel de "verdadeiro insulto à Igreja Católica".

E o debate prosseguia; os conservadores punham em ação todo o seu calculado dispositivo obstrucionista. Um dia levantou-se o Cardeal Josef Beran, que acabara de ser libertado após dezesseis anos de prisão em poder dos comunistas, para dizer que a Igreja estava sendo vítima de vinganças atrás da Cortina de Ferro, "em consequência dos defeitos e pecados cometidos no passado".

Nos velhos tempos, o nobre Cardeal estaria correndo um risco gravíssimo somente em admitir que a Igreja erra e comete pecados. Mas ele insistiu em exortar a assembleia a compensar tais erros, promulgando, por unanimidade, o direito inerente a toda liberdade de crença. "Em meu país" — disse ele — "a Igreja está sofrendo agora pelos erros e pecados cometidos em tempos passados em seu nome e contra a liberdade religiosa." Lembrou, então, a lamentável condenação de Jan Hus, o brilhante reformista e educador da Boêmia, mandado queimar vivo em praça pública pelos cardeais reunidos no Concílio de Constança.

Por fim, a declaração sobre a liberdade religiosa entrou em agonia. A ala conservadora, poderosa e renitente, não cedia um milímetro, estando mesmo a ponto de conseguir, pela terceira vez em três anos, adiar a votação da matéria. Foi quando um grupo de eclesiásticos liberais procurou imediatamente o Papa — já era Paulo VI — e convenceu Sua Santidade a comparecer pessoalmente à sessão e jogar todo o peso de sua autoridade em suporte da declaração; caso contrário, ela voltaria a sepultar-se na papelada até que se tornasse totalmente esquecida e abandonada. Pelo teor da notícia, mesmo no seu laconismo estudado e discreto, não é difícil imaginar qual o argumento que convenceu o pontífice a uma intervenção pessoal. Diz o jornal: "O Papa interveio hoje (21-9-1965) no Concílio Ecumênico e *evitou uma crise* ao ordenar uma votação do discutido texto sobre a liberdade religiosa" (os grifos são meus).

Que se deduz disso? Que se o Papa não se decidisse a *ordenar* a votação, a ala reformista criaria um verdadeiro "impasse", do qual o prestígio da Igreja sairia profundamente danificado, talvez irreparavelmente, pois num Concílio convocado para fortalecer a Igreja não se poderia admitir que se mostrassem as rachaduras dos seus milenares alicerces.

Só assim se votou a matéria e o "resultado da votação" — dizem os jornais da época (22-9-1965) — "foi um duro golpe para a minoria conservadora do concílio que esperava obter uns quinhentos votos". Talvez, por respeito à autoridade papal, os quinhentos votos se reduziram para 224, contra 1.997 da ala liberal!

A atuação do Papa, no caso, foi decisiva, pois a Comissão Coordenadora do Concílio já resolvera, mais uma vez, em três anos, adiar a votação da matéria pelo plenário. Nessa Comissão, de 28 membros, dezenove votaram pelo adiamento. Por aí se vê o poder triturador dos mecanismos políticos internos das grandes organizações, especialmente na Igreja Católica, que possui disso uma experiência e uma tradição quase bimilenar.

Mas os debates prosseguiram sobre outros pontos menos essenciais, como também as confissões públicas das crenças e opiniões de cada um dos sacerdotes mais francos e leais. Monsenhor André Charue, bispo belga de Namur, declarou que considerava indispensável uma declaração da Igreja sobre a "era espacial, até mesmo sobre a possibilidade da existência de criaturas inteligentes noutros planetas"; e acrescentou: "Na era espacial, a tradicional convicção acerca do paraíso, situado no céu, já não pode ser aceita pelo homem moderno."

Segundo a notícia, Monsenhor Charue acha mesmo superados os conceitos de céu e inferno. Mas com isso vai-se a doutrina da salvação e a da redenção! Às vezes, a gente tem a impressão de que alguns desses eminentes sacerdotes agiram como verdadeiros *enfants térribles*, dizendo inconveniências diante de visitas, tal a franqueza e a candura de certas declarações de tremendas consequências.

Por outro lado, a ala conservadora, aferrada aos seus preconceitos, não perdia tempo e nesse mesmo dia D. Giuseppe Marafini, da Itália, insistia em que a Igreja devia lembrar aos homens "que o demônio está presente na vida moderna".

Demônio, nesta altura do conhecimento humano?

Foi assim, em linhas muito gerais, o Concílio Ecumênico Vaticano II, iniciado sob a inspiração e a coragem moral de João XXIII. A figura desse Papa fascinou todo o mundo, cristão e não cristão, pelo que tinha de conteúdo humano. Eleito quase que como um Papa interino, numa espécie de mandato-tampão, como se usa dizer hoje, João surpreendeu a todos com o seu dinamismo. Das suas mãos — houvesse ele tido mais tempo — talvez a Igreja saísse mais renovada. Suas forças, porém, como as de todo Papa, são limitadas pelas contingências da própria estrutura da Igreja. Tem que prevalecer, em última análise, a política da Igreja, coerente consigo mesma, e não as ideias pessoais de cada bispo, cardeal ou papa.

De qualquer forma, como disse um comentarista do *Time*, João XXIII abriu as janelas do Vaticano e por elas entrou um sopro renovador. Ninguém mais poderá fechá-las porque há em tudo isso um processo irreversível, embora lento.

Não obstante, não é preciso ser profeta para prever que grandes dificuldades ainda estão pela frente, na história futura da Igreja, e serão trazidas, em quantidade e força cada vez maiores, pela avalanche arrasadora do progresso e da evolução do conhecimento humano. O progresso é a grande esfinge, cujo segredo a Igreja terá de decifrar para sobreviver.

Por tudo isso e para não ficar, mais cedo ou mais tarde, diante desses dilemas, é que o Espiritismo se planejou e se instituiu de maneira inteiramente diversa de todas as religiões e doutrinas anteriores. O Espiritismo não teve o seu profeta, o seu messias, e erram aqueles que assim querem fazer entender. Nenhum nome está ligado a ele, no sentido em que está Maomé à religião do Islã, Buda ao Budismo, Moisés ao sistema religioso dos judeus, ou o Cristo ao Cristianismo. Por mais destacada que fosse a atuação de Allan Kardec, ele próprio não avocou a si a tiara espiritual do movimento; ao contrário, procurou apagar-se como pessoa humana para que a obra sobrelevasse à sua condição de codificador. Os próprios Espíritos, com a singela franqueza que sempre lhes caracteriza os elevados pronunciamentos, o advertiram de que, se ele não pudesse ou não quisesse assumir o encargo, outros seriam convocados. Por outro lado, o movimento revestiu-se, logo de início, de um caráter universal, pregado simultaneamente em todo o mundo, por muitos Espíritos, por meio de inúmeros médiuns, em todos os ambientes sociais, a todos os povos, em todas as línguas, mas coerente com as ideias básicas sempre que os pronunciamentos foram ditados por Espíritos equilibrados e de elevada moral e conhecimentos.

Sempre ficou bem claro que o Espiritismo não teria dogmas, nem igrejas, nem sacerdotes, nem ritos, nem dirigente universal, entre os encarnados, nem qualquer coisa que fizesse lembrar a estrutura das religiões do passado. Não precisamos de concílios, nem estamos preocupados com o avanço da Ciência. Ao contrário, aguardamos com verdadeira ansiedade esse avanço. O progresso vai confirmar todo o imenso acervo de conhecimento contido na Doutrina Espírita. Virá, a seu tempo, a comprovação científica da pluralidade dos mundos habitados, a da sobrevivência do Espírito, a da reencarnação e a da comunicabilidade entre Espíritos e homens. Vão descobrir que o inconsciente do eminente prof. Sigmund Freud é o repositório das lembranças de todas as passadas existências até o ponto em que a memória se perde nas trevas da irracionalidade. Descobrirão também que as doenças orgânicas, quase todas, se curam por meio do Espírito e que não se pode inverter o processo e tentar curar mazelas do Espírito por intermédio de intervenções no corpo físico.

Nos domínios da moral, será comprovada a estrita responsabilidade pessoal de cada um pelos seus atos, mas também a oportunidade de recuperação e reparo. Que tolerância é a palavra de ordem universal, porque nem todos os Espíritos têm o mesmo nível de compreensão e apreensão. Que a caridade é a lei suprema, porque beneficia tanto o que a pratica quanto aquele que a recebe.

Descobrirão, enfim, que todas as grandes ideias humanas, aquilo a que já se chamou "os grandes sonhos da Humanidade", estão contidas, em maravilhosas sínteses do pensamento, dentro dos conceitos fundamentais da Doutrina Espírita. É só estudá-los, pesquisá-los e desenvolvê-los, que o próprio mecanismo da evolução se encarregará de ir mostrando o caminho a seguir.

E ao contemplarmos toda essa extraordinária massa de trabalho e de estudo a ser atacada, sentimo-nos tomados por invencível melancolia quando vemos, de outra banda, os homens empenhados acirradamente em questiúnculas, como a do casamento misto, ou em declarações acerca da liberdade religiosa que estão saindo penosamente, sofridamente, vencendo oposições tenazes e com um atraso de pelo menos dois mil anos! Tanta estrela no céu e o homem procurando grãozinhos de pó na sola dos sapatos...

21
Viver é escolher

Pertencemos, os espíritas, a um grupo minoritário, graças a Deus. Não que possamos invocar qualquer argumento contrário às crenças e às doutrinas majoritárias. Nada temos a objetar a que cada um siga a sua concepção filosófica, qualquer que seja ela, ainda que totalmente negativa e desprovida de objetivos superiores. Quando dizemos que cada um tem a *sua* verdade, não emitimos conceito muito exato porque não existem muitas verdades, e sim maneiras diferentes de apreensão de uma verdade única. Essa maneira é condicionada ao estado evolutivo do espírito.

O que se dá é que grandes massas humanas se deixam docilmente levar por doutrinas dominantes, sem as examinar de perto, por simples comodismo intelectual ou, em palavras mais simples, por preguiça de pensar. Para muita gente é preferível ter uma religião ou uma filosofia política todinha pensada pelos outros e que tem atrás de si o suporte da maioria estatística.

Essa atitude de preguiça mental é ainda agravada pelo poder sugestivo da imitação. Pergunte-se a um rapazinho de hoje por que usa cabeleira comprida e ele provavelmente responderá que *está na moda*. Mas que é "estar na moda"? Não esqueçamos que *moda* é uma expressão matemática para caracterizar a incidência estatística. Sem querer, pois, o jovem está dando uma resposta exata, do ponto de vista matemático: ele está com a confortável maioria que usa cabelos compridos. O motivo não importa, nem ele quer analisar, porque dá trabalho pensar.

No entanto, pensar é uma atividade essencial ao desenvolvimento do espírito. Nós só nos evoluímos quando pensamos nossas próprias ideias, quando tentamos combinações novas partindo de conceitos antigos, quando abandonamos velhas fórmulas por novas concepções. Sem isso, ainda estaríamos na idade das cavernas, vivendo no escasso limiar da madrugada da consciência. Não é mais segredo para ninguém que estudou um pouco de Biologia, mesmo a de ginásio, que um órgão se desenvolve pelo exercício. Contudo, milhões de pessoas jamais exercitam a faculdade superior de raciocinar, de proceder a revisões periódicas nas velhas estruturas doutrinárias do passado. A vida é um constante decidir entre duas ou mais alternativas. Para decidir certo precisamos examinar cada um dos caminhos que se nos oferecem, verificar onde nos levam, como poderemos percorrê-los e por que nos convém seguir este e não aquele.

Para isso tudo é preciso saber pensar, porque é pensando que escolhemos e é escolhendo que vivemos. É a escolha entre o bem e o mal, entre a paz e o tumulto, entre a dor e o prazer, entre a sombra e a luz, entre o progresso e a estagnação.

Por isso eu dizia no princípio que graças a Deus somos minoritários. É sinal de que já repensamos as velhas ideias e as recusamos, escolhendo outras que nos parecem melhores. Não nos preocupamos com a maior incidência estatística das demais doutrinas.

Percorrendo a história do pensamento humano, vemos sempre repetido esse mesmo ciclo. As ideias nascem em grupos numericamente insignificantes e se propagam em consonância com a força do seu conteúdo humano. Notem bem que digo força do conteúdo humano e não do aspecto moral de que se revistam. Doutrinas lamentáveis e perniciosas também alcançam grande êxito entre os homens, porque encontraram quantidade suficiente de pessoas que acorrem ao seu apelo. O nazifascismo foi uma dessas doutrinas negativistas que medrou espantosamente no decurso de uma geração e ameaçou tragar o mundo. Tinha o seu apelo, correspondia ao ideal informulado de muitos seres desorientados em busca de uma definição e de uma liderança.

De outro lado do espectro vemos, deslocada no tempo, a ideia do Cristianismo. Também nasceu minoritário, pregado por um Mestre suave que os romanos não levaram muito a sério e que os judeus consideraram apenas mais um herético inconsequente. Sua doutrina, porém, apelava para a profunda intuição de suas origens, que o Espírito traz em si mesmo. Com o passar do tempo, o Cristianismo se viu envolvido num matagal teológico que o sufocou. Hoje são quase irreconhecíveis, por meio desse emaranhado, as doutrinas originárias do Cristo, mas ainda se podem ver, com paciência e amor, as belezas escondidas e disfarçadas que sobreviveram, apesar de tudo.

Muitos daqueles que ajudaram a envolver o Cristianismo no brilho falso da Teologia ortodoxa estão hoje com a nova minoria do Espiritismo para tentar a recomposição do Cristianismo primitivo.

Não importa que sejam agora minoria. Já o foram também, ao tempo em que a doutrina do Cristo amanhecia na consciência dos homens. O que importa é demonstrar uma tolerância que não tiveram no passado, uma humildade que não se deixe envolver pelas artimanhas das velhas vaidades intelectuais, uma caridade autêntica, cuja força está no próprio exemplo e não em palavras que nada dizem.

Sendo, pois, uma minoria investida de grande responsabilidade, é preciso meditar bem no que vamos dizer e agir com a serenidade que nem sempre tivemos no passado longínquo. Pelas angústias e provações da vida atual, podemos inferir as provações e as angústias que infligimos ao nosso irmão de outras eras. Somos hoje a minoria desprezada e perseguida para não nos esquecermos da lição, ao tempo em que, situados na confortável maioria, perseguíamos aqueles que não afinavam com as nossas ideias. Não se admira, pois, que venhamos nascer em famílias cuja religião dominante se oponha às nossas novas concepções doutrinárias. Nascidos de pais católicos, judeus ou protestantes, aprendemos com eles aquilo que nos podem dar de seu, como também podemos passar pela aflição de nascer em meio hostil a qualquer ideia de espiritualidade. É a nossa prova. Com o decorrer do tempo, mesmo que tenha sido poderosa a influência externa nos anos formadores, começamos insensivelmente a abandonar as ideias que nos ensinaram, começamos a questionar-lhes a validade e a nos fazer perguntas a que, a princípio, não sabemos responder. E pouco a pouco nós vamos chegando às fontes puras do Espiritismo, para onde nos conduzem a nossa intuição e o nosso desesperado desejo de paz espiritual.

Quando lá chegamos, bebemos sôfregos e felizes os grandes goles dessa nova água batismal que nos lava do espírito as inquietações e as mágoas.

Acontece, porém, que nem todos aqueles que nos cercam vão conosco à mesma fonte. Pais, esposos, filhos, irmãos, parentes e amigos não nos seguirão docilmente em nossas novas crenças. Muito ao contrário, é comum que, sem entenderem o alcance da nossa escolha, nos marquem indelevelmente com o símbolo da incompreensão.

Também isso não importa. Vamos em frente, sem ódios, sem mágoas e sem desprezos. Um dia poderão precisar de nós e nos voltaremos, pressurosos, para estender-lhes a mão, da mesma forma que tantos outros já no-las estenderam.

O exemplo da serenidade, da paz interior, do amor desinteressado e tranquilo produzirá resultados muito mais surpreendentes do que longas preleções de caráter proselitista. Não podemos esquecer-nos de que somente virão até a nossa Doutrina aqueles que já estejam maduros para ela, não antes. Vamos, assim, esperar pacientemente por aqueles que ainda não puderam acompanhar-nos, que ainda precisam pensar com a cabeça alheia, que se recusam a reexaminar suas ideias, que ainda preferem estar com as maiorias mais ou menos inconscientes do poder do espírito e das suas imensas possibilidades. Esperemos tranquilamente, ajudando quando possível e necessário, da mesma forma que irmãos superiores esperam por nós, prontos a nos ajudarem a galgar novos e mais elevados patamares da evolução infinita.

22
A gazela e a pedra

Às vezes nos impacientamos ante a teimosia daqueles que não se rendem à evidência do fato espírita, ante à lógica e lucidez da Doutrina. A impaciência, no entanto, nada mais é que reflexo da imaturidade que remanesce em nosso espírito. É preciso lembrar que cada um de nós se acha em determinado grau evolutivo e que não basta colocar o espírito diante da verdade para que seus olhos se abram, como por encanto. Para aquele que já amadureceu, uma simples advertência é suficiente; para o espírito ainda rude, é preciso tempo e esforço próprio e alheio para que aceite a realidade da vida espiritual. Disse mui sabiamente o nosso Emmanuel que para despertar uma gazela bastam os primeiros clarões e sussurros da aurora, ao passo que para sacudir uma pedra é preciso a explosão da dinamite.

  A realidade espiritual sempre esteve diante dos nossos olhos desde tempos imemoriais, quando a nossa consciência começou a luzir, emergindo das sombras da animalidade. O fenômeno espírita é tão antigo quanto o próprio homem. Além do mais, no intervalo entre uma vida e outra, inúmeras vezes passamos pelo mundo espiritual, no uso da nossa condição de Espírito. Nesse estado, fazemos uma revisão das nossas ideias, damos um balanço no que realizamos, avaliamos o que ficou por realizar e nos propomos, numa nova existência, a retomar a caminhada para a perfeição. Voltamos à carne e novas falhas nos assaltam, esquecidos por completo da condição de Espíritos imortais.

Pouco a pouco, entretanto, adquirimos a acuidade da gazela e passamos a despertar ao leve sopro da verdade. Sentimos, desse ponto em diante, o desejo ardente de acordar para a luz todos os companheiros que cruzam o nosso caminho ou que seguem ao nosso lado o longo roteiro em busca da paz. Nem todos, porém, reagem positivamente ao nosso apelo, à nossa verdadeira súplica para que considerem, por um momento que seja, o grande clarão da realidade espiritual. Tanto aqui na Terra, encarnados, como no Espaço, na situação de Espíritos desencarnados, aqueles que já alcançaram a verdade não sonham com outra coisa senão avolumar as hostes do bem, do amor, da caridade, do esclarecimento. Há um imenso trabalho a fazer e são tão poucos os que se entregam a ele com entusiasmo e desinteresse. Por isso dizia o Cristo que a seara é enorme e poucos os trabalhadores. Tão poucos que Ele valorizava igualmente, senão ainda mais, aquele que custou mais a chegar — o trabalhador da undécima hora.

O dia judaico era marcado a partir das seis da manhã. O nosso atual *meio-dia*, isto é, doze horas, era a hora sexta. Portanto, a undécima hora correspondia às cinco horas da tarde. Era, pois, quase hora de largar o trabalho, visto que, naqueles recuados tempos, só se deixava a ferramenta às primeiras sombras da noite.

Acho que muitos de nós, espíritas, somos trabalhadores da undécima hora. Muitos de nós somente agora, já no anunciado final dos tempos, nos convencemos da verdade e começamos a trabalhar antes que o dia se acabe na escuridão da noite. Nem por isso somos olhados com desdém por aqueles que "pegaram" às seis horas da manhã, séculos antes de nós. Estamos contribuindo, com a nossa parcela, ao esforço geral, e, segundo promessa do Mestre, nossa remuneração será igual à daqueles que trabalham desde o alvorecer. Esses companheiros superiores não nos olham com desprezo ou arrogância, nem inveja; ao contrário, nos estimulam com a sua alegria, sentindo que também nos juntamos à equipe dos que lutam pelo bem. Se é grande ou pequeno o resultado que colhemos, não importa; o que vale é a qualidade do nosso esforço, porque, enquanto trabalhamos pelo esclarecimento dos outros, nosso espírito também recebe novos jatos de luz e de amor.

Essa é a mensagem que precisamos transmitir e isso nos lembra uma conhecida passagem do Evangelho segundo Lucas, capítulo 16, versículos 19 e seguintes. Conta-se ali a história do rico que negou auxílio a Lázaro e, depois, no mundo espiritual, via o ex-mendigo no seio de Abraão, enquanto ele amargava as agruras de um sofrimento insuportável. Pede, então, o rico a Abraão que permita que Lázaro "molhe em água a ponta do seu dedo", a fim de refrescar-lhe a língua ressequida pela sede. Abraão responde que ele, rico, teve uma vida de prazeres e de conforto, enquanto Lázaro "não teve senão males". É justo, pois, que um seja agora consolado, enquanto sofra o outro que, embora rico, negou a ajuda ao irmão.

Segue-se, então, outra lição profunda, num diálogo de impressionante teor humano. O rico tem ainda cinco irmãos na Terra, encarnados, e pede a Abraão que mande Lázaro à casa de seu pai para que lhes "dê testemunho, a fim de que não suceda virem eles parar neste lugar de tormentos".

A resposta de Abraão é reveladora:

"Eles lá têm Moisés e os profetas; ouçam-nos."

O rico insiste:

"Não, pai Abraão, mas, se for a eles alguns dos mortos, hão de arrepender-se."

Abraão se mostra inflexível:

"Se eles não dão ouvidos a Moisés e aos profetas, tampouco se deixarão persuadir, ainda quando haja de ressuscitar algum dos mortos."

Muitas lições contém esse episódio. A primeira é a evidência de que, já naqueles tempos, se sabia perfeitamente que os "mortos" podem comunicar-se com os "vivos". O que o rico pede, em suma, é que Abraão envie o Espírito de Lázaro para que, por meio de uma comunicação mediúnica, informe os irmãos das condições do mundo espiritual, a fim de que, ao morrerem, não venham todos recair no mesmo estado de angústia em que se encontra ele, rico. A segunda lição é dada por Abraão, ao assegurar ao Espírito do rico que não precisa enviar ninguém, pois os "vivos" têm diante de si mesmos todos os elementos para saber da realidade. Além do mais, a experiência sempre indicou que o ser encarnado atribui pouco ou nenhum valor ao fenômeno mediúnico. Quantos Espíritos não se esforçam no espaço para convencer um irmão encarnado da realidade... E este, quando *acorda* do outro lado da vida, sofre a angústia do arrependimento, do tempo perdido, da vida inútil, da oportunidade desperdiçada. Teve Moisés e os seus profetas à disposição, isto é, todos os ensinamentos dos grandes enviados espirituais do passado e, no entanto, preferiu viver a vida efêmera da carne, preferiu dedicar-se ao embalo ilusório do mundo material, não apenas esquecido da sua condição de Espírito, mas até mesmo irritado contra aquele que procurou fazê-lo lembrar-se dela. Quantas vezes, nesta ou em passadas vidas, não recebemos tais advertências e as rejeitamos, totalmente desinteressados da nossa posição futura e da nossa condição de Espíritos. Nem por isso aqueles que trabalharam, para que recebêssemos a mensagem da esperança, se sentiram impacientes. Ao contrário, continuaram seus esforços, pois sabiam que um dia também despertaríamos para a verdade. Aquietado o nosso espírito, não mais se assusta com o estrondo do trovão; não obstante, desperta, como a gazela, ao primeiro sopro da madrugada.

23
O livro da esperança

É muito difícil reconhecer, num livro que surge, a marca da Verdade. Não foram poucos, no entanto, os que identificaram, logo de início, essa virtude em *O livro dos espíritos*, quando publicado pela primeira vez em 1857. Para nós, que viemos estudá-lo um século depois, a sólida e tranquila grandeza dos seus ensinamentos é muito mais evidente, mais fácil de distinguir do que terá sido para os seus primeiros leitores. Ainda que a técnica da escolha das palavras e construção da frase tenha variado, a verdade contida no texto brilha serenamente, através do texto, com singular vitalidade, tanto mais quanto mais passa o tempo.

Extraordinário livro esse, cuja sabedoria jamais se esgota, por mais estudado, analisado e pesquisado que seja. Ainda há pouco, discorrendo sobre os aspectos abordados pelas questões 79 a 81, tivemos oportunidade de *descobrir* novas facetas desse imenso repositório de ideias que é *O livro dos espíritos*.

É que se, por um lado, nenhuma pergunta ficou sem a resposta adequada, há muitas que não puderam ser respondidas de maneira mais extensa e explícita, devido às limitações do próprio estágio evolutivo do público a que se destinava a obra — isto é, nós todos, seres humanos encarnados. É constante, por exemplo, a advertência dos instrutores acerca do mistério que envolve a origem dos Espíritos e das coisas.

Em resposta à pergunta nº 239 (Os Espíritos conhecem o princípio das coisas?), informam os comunicantes o seguinte:

"Isso é conforme à sua elevação e à sua pureza. Os Espíritos inferiores não sabem mais do que os homens."

Também o Cristo várias vezes advertiu que, nos seus ensinamentos, não poderia ir além de certo ponto, obviamente para não ultrapassar com eles o conhecimento ainda muito precário dos homens de seu tempo.

Vemos então que, embora contenha um resumo de todas as grandes ideias e um maravilhoso roteiro para a pesquisa científica, para o desenvolvimento filosófico e o aperfeiçoamento moral, *O livro dos espíritos* encerra uma demonstração de bom-senso da parte dos seus autores desencarnados, que tiveram o cuidado de não avançar além do que a nossa mentalidade pode absorver. Evitou-se, dessa forma, que as realidades do mundo superior — mesmo admitindo-se possível sua tradução em linguagem humana — fossem ridicularizadas e tidas por fantasiosas por toda a esmagadora maioria daqueles de nós que ainda não estão em condições de aceitá-las.

O bom-senso de Kardec deve ter oferecido aos seus elevados amigos da Espiritualidade as condições de que precisavam para lançar entre os homens um livro tão avançado para a época. A impressão que hoje se tem é a de que *O livro dos espíritos* realmente precisava vir para aqueles encarnados que não podiam mais aceitar as falácias da esclerosada Teologia ortodoxa em que se transformara o Cristianismo nem a pura descrença dos que, à falta de melhor alternativa, se voltaram para o materialismo e para a negação do princípio espiritual no ser humano.

O problema que então se colocou diante dos Espíritos foi, ao que parece, dos mais complexos. Era preciso trazer uma mensagem válida àquela multidão de encarnados que não tinham *ainda* uma doutrina racional e aceitável e não tinham *mais* a antiga crença que exigia a aceitação do absurdo. Muitos desses já haviam passado, em sucessivas encarnações, pela fé dogmática — não podiam mais admiti-la; era uma experiência superada na história da sua evolução individual. Como, porém, converter em palavras, ao nível do entendimento humano, todo o maravilhoso mecanismo do universo físico, do mundo espiritual, das leis morais e das responsabilidades e deveres de cada um? Era um trabalho realmente gigantesco e teria de ser confiado não a um só Espírito, mas a uma equipe de seres já muito experimentados ao longo de muitas e muitas vidas. Isso daria à doutrina um caráter essencialmente universalista, sem identificá-la com nenhum pregador, filósofo, profeta ou moralista em particular e, ao mesmo tempo, traria para o seu arcabouço filosófico a contribuição de uma variada, extensa e profunda experiência de muitos seres superiores. Estes Espíritos não estavam interessados em fundar escolas de pensamento, nem de aparecerem como novos iniciadores de religiões ou correntes filosóficas; queriam, muito acima da vaidade humana, trazer uma contribuição séria, endereçada aos homens que buscavam a verdade; queriam traçar um roteiro que não apenas atendesse às inquietações dos homens, como ainda oferecesse as perspectivas de uma civilização ainda por vir, de um mundo ainda possível de realizações de paz e equilíbrio. Vinham ensinar que toda a sabedoria humana está na obediência consciente às Leis divinas. Vieram advertir de que convidamos a dor sempre que tentamos teimosamente atritar-nos com a imutável sabedoria dessas leis. Vieram, enfim, trazer aos homens o *livro da esperança*.

Desejavam dizer àqueles que sonhavam com um mundo melhor que esse mundo era possível, era realizável, estava ao alcance da nossa mão, desde que essa mão fosse guiada pelas normas inflexíveis da moral. O livro continha muita coisa acima de seu tempo, uma infinidade de sugestões, de pistas abertas à pesquisa científica e à especulação filosófica. O objetivo daqueles mestres espirituais não era resolver por nós todas as questões aflitivas que se colocam na mente daquele que pensa, era indicar-nos um caminho para que prosseguíssemos por nossa própria conta, pensando com a nossa própria cabeça, descobrindo os fatos com os nossos próprios recursos.

Decorridos mais de cem anos, vemos que caminhamos pouco em termos de reconhecimento científico. Tem sido tremenda a obstrução por parte dos grupos que veem os seus interesses contrariados. Mas, a despeito de tudo, as ideias contidas em *O livro dos espíritos* continuam a frutificar. Um dia a Ciência oficial há de desembaraçar-se dos ouropéis da vaidade acadêmica e buscar ali inspiração para as suas pesquisas, o ponto de partida para novas descobertas. O universo inteiro está à nossa disposição, mas é preciso que nos aproximemos dos seus segredos com verdadeiro espírito de humildade intelectual; caso contrário, vamos achar apenas aquilo que desejamos encontrar, isto é, o arranjo de fatos e observações que continuarão a emprestar um arremedo de apoio à nossa descrença, ao materialismo, às nossas infantilidades.

Muitos seres humanos estão cansados da descrença e já ultrapassaram a infância espiritual. Para esses é que surgiu *O livro dos espíritos*. Sua mensagem poderia ser assim resumida: Este livro se destina às minorias que sonham com um mundo melhor.

24
Senhor, que queres que eu faça?

Consumada a tragédia da crucificação, a Doutrina do Mestre parecia destroçada ao nascedouro. Estavam apenas alguns apóstolos aterrorizados e, na memória inconstante do povo, a lembrança de ensinos esparsos do Rabi assassinado. As autoridades políticas e religiosas da época estavam convencidas de que, com o desaparecimento do seu profeta, era só uma questão de tempo a extinção total das "heresias" que ele disseminara. Temos de reconhecer que outro não poderia ser o raciocínio dos dirigentes de então. Quem mais ousaria enfrentar o poder religioso apoiado no procurador de César? E quem eram aqueles obscuros pescadores e operários para levantarem novamente a bandeira que Jesus fizera tremular? Modestos seguidores do Cristo, não estavam eles aparentemente preparados para a gigantesca tarefa que tinham diante de si: a propagação e a institucionalização do Cristianismo. O Messias não os escolhera pelos seus dotes intelectuais, e sim pelas faculdades espirituais que só Ele percebia neles.

E, então, as coisas começaram a acontecer de maneira insólita. Primeiro, ainda sob a doce luz do amanhecer, foi o tremendo impacto da aparição do líder "morto" a Madalena. Em seguida, a nobre figura de Jesus também se mostrou a outros amigos e discípulos, nos quais, finalmente, eclodiram as várias mediunidades na cena dramática do Pentecostes. Teria sido aquela a faculdade que o Cristo vira nos rudes companheiros que recrutara?

No entanto, faltavam ainda alguns componentes no quadro que se armava. Era evidente que o movimento não seria abandonado à sua própria sorte, pois resultara de um trabalho longo, extenso e profundo, programado com minúcias nas elevadas esferas e executado com fidelidade absoluta no plano terreno. Como o Cristo se recolhera ao mundo espiritual, era de lá que viria agora a orientação. A pregação que durara cerca de três anos não ficaria restrita aos judeus, como a princípio se acreditou. O Cristianismo não seria apenas mais uma seita judaica: tinha planos mais arrojados, mas disso ainda não sabiam os que lutavam por ele do lado encarnado da vida. No mundo espiritual, no entanto, já estava eleito aquele que iria assumir o encargo gigantesco de iniciar a institucionalização e a universalização da doutrina de Jesus. Faltava somente chamá-lo aos seus compromissos. O homem era Saulo de Tarso, mas nem ele próprio sabia disso. Ao contrário, se lhe viessem dizer que estava prestes a entregar-se àquela tarefa, teria retrucado com a altivez que então lhe era característica que, ao contrário, empenhava-se em apagar da face da Terra os últimos vestígios das novas e revolucionárias ideias que se contrapunham ao Judaísmo estratificado ao longo dos milênios, herança imorredoura de Moisés e dos profetas lendários. Poucos, naquela altura, aceitavam a afirmação do Mestre de que a palavra nova não vinha destruir a Lei, mas fazê-la cumprir-se. A jovem doutrina, cujos fundamentos então foram lançados, vinha dar continuidade ao programa evolutivo da Humanidade, indicando novos rumos ao pensamento, abrindo insuspeitadas perspectivas à especulação.

Saulo estava escolhido e, como homem, não sabia ainda do seu programa de trabalho. Seu chamamento não se deu nos salões pomposos da sinagoga majestosa, nem na presença dos imponentes membros do Sinédrio ou à vista das multidões na praça pública; ele foi chamado numa poeirenta estrada, batida pelo sol causticante, sob o testemunho de dois ou três companheiros de viagem, atônitos diante do que se passava com o orgulhoso rabino. Num segundo, Saulo se viu atirado ao chão. Quando se levantou, não era mais Saulo, o doutor da lei; largara na poeira da estrada a crisálida endurecida e morta do orgulho e levantara-se como Paulo, o Apóstolo da nova ordem. É que às vezes precisamos cair para subir...

A cena é de profunda e imorredoura significação. Seu conteúdo espiritual é tão impressionante e inesgotável que ainda hoje, lendo a narrativa de Emmanuel, não podemos deixar de sentir outra vez a sua carga emocional. A pergunta de Paulo — acima de tudo — ainda ressoa aos nossos ouvidos. Identificado o Mestre, na visão deslumbrante que até o Sol ofuscava, perguntou o futuro apóstolo:

— Senhor, que queres que eu faça?

No momento, não era muito o que desejava o Cristo: apenas que o homem de Tarso prosseguisse sua viagem para Damasco. Lá lhe seria dito o que fazer.

Podemos imaginar o tumulto que se precipitou no espírito aturdido do jovem doutor. Além do mais, estava cego. Seu destino era incerto. Somente em Damasco saberia que rumo tomaria a sua vida. Todos os valores que até ali considerara haviam ficado na poeira da estrada com o seu orgulho, agora inútil e incômodo. Algumas horas antes era um temido defensor dos preceitos de Moisés, investido de autoridade e poderes para esmagar a ferro e sangue a seita herética. Agora, não passava de um pobre cego, meio trôpego, incumbido de uma tarefa que nem sabia qual seria.

Em Damasco encontrou Ananias, que lhe restituiu a visão e o levou ao encontro do seu destino.

Nem todos somos chamados de maneira tão dramática aos nossos compromissos espirituais. Nem todos merecemos a visão deslumbrante do Cristo. Todos, porém, tivemos o nosso Ananias, na figura majestosa de Kardec, que, com a Doutrina dos Espíritos, removeu as "escamas" que até então impediam a nossa visão da realidade superior. Não precisamos mais repetir a pergunta de Paulo a Jesus. Ao abrir os nossos olhos, o Espiritismo nos indica o caminho a seguir. As tarefas são aquelas mesmas que Paulo empreendeu com tamanha dedicação, amor e coragem: divulgar o conhecimento que nos foi confiado, espalhar por toda parte o consolo da Doutrina que renova, explicar que o Espiritismo não exige iniciação, não se embaraça em dogmas, não impõe sacramentos, não ilude com vãs promessas redentoras a troco de fórmulas estéreis recitadas e rituais superados. O que ele nos propõe é a reforma interior que traga na sua esteira a reforma do mundo em que vivemos. Quer arrancar do fundo de nós, para a luz da nossa consciência, o homem novo de que falava Paulo. Deseja que estendamos a mão ao companheiro que sofre, qualquer que seja a sua raça, nacionalidade, crença ou descrença.

Ao lançar entre os homens a Doutrina Espírita, Kardec renovou o sonho de Paulo, que foi o primeiro a ter a visão universal de uma doutrina regeneradora.

Não precisamos mais perguntar ao Cristo o que devemos fazer — nossa tarefa está claramente diante de nós. Não importa se não dispomos de uma tribuna, de um microfone ou de uma coluna na imprensa — Paulo também não os tinha; sempre haveremos de dispor da atenção de irmãos nossos que ainda não tiveram a ventura de se recolherem à paz da verdade. Se alguns não quiserem ouvir, não faz mal — passemos adiante, transmitindo a palavra da esperança àqueles que estão maduros para ela. Se algum contratempo nos atingir, não importa. Também nas suas andanças pelo mundo, às vezes acontecia a Paulo ser escorraçado das cidades que visitava; muitas vezes foi preso, batido, apedrejado e insultado. Entre os judeus ortodoxos era um renegado desprezível entre os cristãos ainda bisonhos da primeira hora, um sonhador audacioso que, no afã de levar a Boa-Nova a todos os povos, dispensava mesmo a circuncisão, atraindo para o Cristo até os gentios.

Por tudo isso, a lição de Paulo continua válida e a servir de roteiro aos espíritas, esses novos portadores da mensagem viva de Jesus.

25
A sabedoria da semente

Ensina o Dr. Gustave Geley que o processo evolutivo se realiza por meio de uma constante expansão da consciência. À medida que progredimos espiritualmente, vamos caminhando do inconsciente para o consciente, da sombra para a luz, da ignorância para o conhecimento. É claro que esse trabalho do espírito não se realiza senão à custa de grande esforço individual, especialmente contra o peso da inércia e do comodismo que nos induzem a ficar no mesmo lugar, entregues às nossas paixões e fraquezas, quando há na frente tantas conquistas notáveis à nossa espera, tantas realizações maravilhosas ao alcance das nossas mãos, tanto trabalho digno, no qual nós próprios nos realizamos espiritualmente.

Nos primeiros tempos da escala evolutiva, mal emergidos da mera condição animal, não temos senão uma apagada e fugidia consciência de nós próprios. Se, como dizia Descartes, o homem existe porque pensa, podemos dizer que mal existimos como seres humanos enquanto não começamos a pensar. E quanto mais caminhamos na direção de Deus, mais amplos se tornam os nossos horizontes, mais claros os nossos caminhos, mais profunda a penetração da nossa inteligência, que tudo deseja devassar, não apenas o mundo que nos cerca, mas também o mundo imenso que está dentro de nós.

E como somos Espíritos de diferentes idades, estamos também em diferentes estágios evolutivos. Muitos de nós ainda estamos presos aos primeiros passos do jardim da infância, enquanto outros já se graduaram na universidade da vida. Nas quadras da juventude espiritual é limitado o escopo e alcance da consciência. Mal conseguimos apreender as coisas mais elementares que nos cercam e dificilmente entendemos o mecanismo da nossa própria mente. Para o Espírito mais evoluído, no entanto, o mundo interior não é um poço de desconhecidas e escuras profundidades, é um campo aberto iluminado por onde passeia livre a consciência de si mesmo. O mundo exterior não é um emaranhado de mistérios incompreensíveis, mas um laboratório de experiências vitais, onde cada coisa tem seu lugar, cada fenômeno sua explicação e sua lei.

Por isso, muitos nem sabem que são Espíritos a caminho da perfeição; presos ao acanhado universo de sua limitada consciência, passam pela vida sem saberem ao certo o que lhes acontece, como se vivessem mergulhados num sonho permanente do qual apenas ficam aqui e ali algumas imagens diáfanas. Vão e vêm entre uma vida e outra, como sonâmbulos desligados da realidade.

Esses podem até mesmo subir ao cosmos, impulsionados por um prodígio de técnica, que de lá voltarão decepcionados porque não viram Deus! Como poderiam vê-lo se ainda lhes faltam os olhos de ver de que nos falou o Cristo? Representantes de civilizações materialmente desenvolvidas ainda não compreenderam que eles próprios, os instrumentos e as técnicas maravilhosas que os projetaram no espaço cósmico e os recolheram de novo à Terra, são um testemunho eloquente, espetacular, evidente, irrefutável de que uma Inteligência superior cria e dirige os mundos em que vivemos. Seres imaturos somente conseguem apreender aquilo que está ao alcance dos sentidos físicos, grosseiras manifestações das faculdades superiores do Espírito. Embriagados pela glória efêmera das realizações materiais e das conquistas menores, ignoram as forças que ordenaram o universo e criaram tantas maravilhas, desconhecendo que somente agora começamos a arranhar a superfície do futuro.

Enquanto isso, irmãos nossos superiores não precisam subir ao espaço cósmico à procura de Deus — encontram-no na semente que germina humilde no seio da terra; no animal que, embora classificado como irracional, sabe como orientar a sua vida, a construção do seu abrigo, a propagação da sua espécie; no ciclo das estações que se renovam incessantes; nas palpitações anônimas da vida que se estende por toda a parte, sobe a todas as alturas, desce a todas as profundezas.

Bastaria, para denunciar a grandeza de Deus, a sabedoria misteriosa da semente que se desenvolve segundo sua espécie, sem erros, sem desvios, sem hesitações, e se transforma em árvore, em flores e em frutos. Quem colocou naquele modesto grão de vida todos os planos, todos os pormenores, toda a programação, todo o futuro da árvore?

O Espírito que já avançou mais no desenvolvimento da sua consciência não precisa buscar alhures os sinais da presença de Deus — eles estão por toda parte e dentro de si mesmo. No silêncio e na paz da meditação e da prece, percebe ele no fundo do ser as harmonias divinas, no seu trabalho incessante de sustentação do Universo. Quanto mais conscientes nos tornamos do nosso próprio ser e do mundo que nos cerca, mais perto estaremos de Deus. À medida que caminhamos para Ele, sua luz expulsa de nós as sombras das paixões, da ignorância, da imperfeição. Mas se é verdade que Ele nos atrai para si, é também verdade que não nos arrasta — temos que ir pelo nosso próprio esforço, dentro dos planos espirituais que trazemos em nós. Isso podemos aprender humildemente com a sabedoria da semente, que germina e cresce na direção da luz.

26
Fé — a substância da esperança

Embora com ligeiras variações, tanto Mateus como Lucas narram, em substância, a mesma história do centurião romano, um dos mais tocantes episódios dos tempos evangélicos. Ambos colocam o incidente logo após o famoso Sermão do Monte, quando Jesus entrava em Cafarnaum.

Mateus conta que o centurião foi pessoalmente ao Mestre, enquanto Lucas diz que o romano enviou-lhe uma delegação de anciãos judeus para formularem o pedido. Ambos, porém, deixam entrever que o soldado não estava preocupado com a perda do seu criado, e sim realmente penalizado diante da dor que o pobre estava sofrendo com a sua paralisia. Jesus prontamente sentiu a sinceridade do homem e se propôs a curar o servo doente:

"Eu irei e o curarei", diz, segundo Mateus.

Lucas narra que Ele se achava a caminho da casa do centurião quando este lhe mandou a mensagem que constitui a essência do episódio:

"Senhor, eu não sou digno de que entres em minha casa. Por isso, nem mesmo me achei digno de ir procurar-te. Dize, porém, uma só palavra e meu criado ficará bom."

Contam os evangelistas que o romano prosseguiu dizendo que, como soldado, ele tinha superiores hierárquicos a quem obedecia, tanto quanto subordinados, aos quais bastava dar uma ordem para que a cumprissem.

A leitura de Lucas nos esclarece que, embora fazendo parte do exército invasor que trazia a Palestina subjugada a César, o centurião era estimado entre os judeus — "é amigo de nossa gente e ele mesmo nos fundou uma sinagoga", disseram os velhos. Extraordinário homem, esse bom centurião, tolerante para com os oprimidos ao ponto de granjear-lhes a simpatia e até fundar-lhes uma sinagoga.

Na sua aguda percepção, Jesus deve ter notado de imediato os méritos do homem tanto quanto a sinceridade do seu pedido em favor do criado doente. Mas o que mais fundo tocou o coração do Mestre foi a fé que ele demonstrou no jovem profeta de Israel e no seu Deus, tão diferente dos deuses pagãos.

Vale a pena desenhar mais nitidamente o quadro para alcançarmos bem toda a grandeza do incidente.

A Palestina sempre foi uma espécie de encruzilhada do mundo. Por ali passaram com frequência os grandes conquistadores em busca das riquezas lendárias do Oriente. Por isso, Will Durant escreve que o povo judeu teve a sua história tumultuada por tentar viver no meio de uma estrada movimentada.

Depois de Alexandre, cujo vulto já desaparecera na poeira dos séculos, vieram os romanos que, desde o ano 63 antes do Cristo, começaram a interferir nos negócios políticos dos judeus, ao tempo de Pompeu. A dominação total não tardaria, com a invasão e a ocupação e todo o seu cortejo de pressões e crueldades, que eram duros os tempos e o coração dos homens.

Emmanuel nos conta — em *Paulo e Estêvão* — as aflições que delegados romanos prepotentes impuseram à família daquele que seria o primeiro mártir do Cristianismo.

Não é de admirar-se, pois, que o povo de Israel suspirasse pelo Messias que, segundo a letra das profecias, viria em todo o seu poder e majestade para expulsar os romanos e restabelecer na terra sagrada o governo livre do estado judaico.

Roma era onipresente na Palestina, na figura dos soldados quase sempre impiedosos, agentes do César distante, temido e odiado. Eram eles o símbolo daquele poder esmagador que extraía impostos elevados de um povo empobrecido, sufocava em sangue e lágrimas os anseios de liberdade, confiscava bens e profanava as ruas e até os templos com imagens e figuras que os livros sagrados proibiam taxativamente.

É, pois, digno de respeito um comandante romano que tenha conquistado as boas graças do povo esmagado. É mais notável ainda que tenha tido a corajosa humildade de solicitar a ajuda de Jesus para salvar um servo modesto, figura social que naqueles tempos ásperos se colocava pouco acima do mendigo. É surpreendente que tenha levado tão alto o seu respeito pelo jovem pregador que nem mesmo a sua casa achou-a digna de recebê-lo. Podemos presumir que sua residência fosse bem melhor que a maioria das casas ocupadas pelos próprios judeus. Os invasores sempre tomam para si o que há de melhor. Acima de tudo, porém, o que ressalta deste episódio, tão profundamente humano, é a fé que o romano demonstrou em Jesus, a ponto de não achar nem mesmo necessário que ele viesse ver o servo doente; bastaria — como bastou — o poder do pensamento e da vontade daquele doce profeta da paz.

Até mesmo Jesus se admirou daquela demonstração inesperada. Voltou-se para os que o seguiam para exaltar o gentio, pois que "nem em Israel" achara tamanha fé. Segundo Mateus, Jesus aproveitou mesmo a oportunidade para conclamar a universalidade do seu pensamento, exatamente porque se baseava em conceitos que atraíam tanta gente, mesmo fora dos círculos judaicos:

> Digo-vos, porém, que virão muitos do Oriente e do Ocidente e se assentarão à mesa com Abraão, Isaque e Jacó no reino dos céus, mas os filhos do reino serão lançados nas trevas exteriores; ali haverá choro e ranger de dentes (MATEUS, 8:11 e 12).

Ao que parece, o Mestre previa, nessa passagem, que incontáveis multidões não israelitas haveriam de aderir à sua doutrina, enquanto os judeus que não cumprissem a Lei de Deus seriam precipitados nas trevas de suas próprias angústias. Sua Doutrina era, assim, para todos, como muito bem o entendeu Paulo pouco depois. Não seria mais uma seita judaica; era uma nova filosofia de vida para todos os povos da Terra. O suporte básico dessa pregação era a fé.

— Vai — disse ao centurião — e faça-se segundo *tu creste*.

Os séculos escorreram lentamente sobre a cena de Cafarnaum, e o conceito singelo e profundo da fé passou por muitas alterações e distorções. Achava Paulo que a fé salvava o justo (*Epístola aos Romanos*). Entendeu Lutero, apoiado nesse mesmo pensamento pauliniano, que *somente* a fé era capaz de salvar, de nada adiantando as nossas intenções e as nossas obras. A fé sozinha cobriria as nossas iniquidades e imperfeições, levando-nos sãos e salvos ao Reino de Deus.

Na Idade Média, trágica época de obscurantismo e intolerâncias, a fé adquirira a rigidez cadavérica dos dogmas, esquecida de suas origens e da sua finalidade. Quiseram proclamar que somente um caminho havia para Deus e quem não quisesse trilhar aquela vereda deveria morrer o quanto antes para não contaminar o resto do rebanho.

As primeiras tentativas de racionalizar a fé, na altura do século XII, levaram Abelardo à desgraça e ao opróbrio, quando se levantou em defesa da Igreja a voz de Bernardo. A fé não era para ser discutida, nem racionalizada, nem submetida aos esquemas frios da Filosofia e da lógica. Tudo a ela se subordinava, até mesmo a Filosofia. Qualquer raciocínio que contrariasse uma questão de fé era imediatamente rotulado de heresia e tenazmente combatido. Os homens tinham de renunciar à tentativa de reconciliar razão e fé. Nada tinha a ver uma com a outra; eram ramos autônomos do pensamento e nos pontos em que se chocavam tinham de predominar, necessariamente, sem discussão, os postulados da fé, tal como a entendiam os teólogos. O homem tinha que crer não só *quando* o dogma era absurdo, mas exatamente *porque* era absurdo, pois a fé alcançava onde a razão se recusava a chegar.

Mas que era a fé? Paulo tentara a sua definição. Diz o grande apóstolo, no capítulo 2, versículo 1, da *Epístola aos Hebreus*, que a fé é a substância das coisas que se esperam e a evidência das coisas que não se veem. Muito se tem dito depois de Paulo a respeito da fé, mas acho que jamais se disse tão bem e tão belo. Substância da esperança, evidência daquilo que não podemos ver... Que melhor maneira de conceituar algo tão diáfano como a fé?

Tocaria, porém, ao Espiritismo de Kardec o coroamento da tarefa: não apenas conciliar razão e fé, mas, ainda além, declarar que a fé somente é legítima quando passar pelo teste da razão. Chegara, afinal, a era do Consolador. Viera no tempo certo, porque antes disso os homens não estavam prontos para a renovação dos conceitos esclerosados da Teologia milenar. Por outro lado, a sofisticação científica e filosófica, que a civilização trouxera no seu bojo, retirava do homem a simplicidade indispensável à aceitação daquela fé tão pura e firme que Jesus identificara no centurião. Os homens haviam começado a inquirir o porquê das coisas e a buscar os suportes da fé. Quando a fé surgia desapoiada na razão, era rejeitada e não havia mais o que colocar no lugar dela, até que explodiu, com todo o seu impacto, a Doutrina dos Espíritos.

Por tudo isso, nós, que hoje estamos nesta posição, podemos olhar com tranquilidade o nosso futuro espiritual e o futuro da Humanidade a que pertencemos. Estamos bem equipados para enfrentar a desorientação que predomina no mundo em que vivemos. A nossa fé é estruturada naquela substância da esperança de que nos falava Paulo, uma esperança que o ensino dos mentores espirituais converteu em certeza. Quanto à evidência do que não vemos, ela salta à nossa visão espiritual no trato quase que diário com tantos irmãos espirituais invisíveis que, antes de nós, partiram para a outra margem da vida.

Se o centurião podia crer sem discutir e sem racionalizar, por que haveremos nós, espíritas, de temer pelo futuro da Humanidade se já nos foi dado crer ao mesmo tempo com a cabeça e o coração?

Deus abençoe a Kardec, instrumento bendito dessa mensagem de paz e de amor. Até que chegássemos a esse patamar do pensamento filosófico-religioso, toda uma legião de bons trabalhadores lutaram e sofreram para nos legar aquilo a que Paulo chamou substância da esperança.

27
As fronteiras do perdão

> *Então, chegando-se Pedro a ele, perguntou:* — *Senhor, quantas vezes poderá pecar meu irmão contra mim que eu lhe perdoe? Será até sete vezes? Respondeu-lhe Jesus:* — *Não te digo que até sete vezes, mas que até setenta vezes sete vezes.*
> (MATEUS, 18:21 e 22.)

Pedro era um Espírito objetivo e prático. Queria definições precisas e muito claras. Ainda não fora promovido de pescador de peixes a pescador de homens, como lhe prometera o Mestre. Preocupado com o problema do perdão, interpelou frontalmente o Amigo Maior. De sua pergunta podemos inferir que era tolerante e bom porque admitia perdoar sete vezes, ou melhor, *até* sete vezes. Talvez traçasse por aí os limites do perdão, mas as fronteiras que o Cristo lhe fixava estavam muito além.

O ponto merecia ampliações mais elaboradas e Jesus não deixou passar em branco a oportunidade. Narrou a parábola dos dois devedores, destacando que aquele mesmo a quem o rei perdoara uma dívida de dez mil talentos[2] não fora capaz de perdoar, a seu turno, uma conta insignificante de cem dinheiros. E por isso, mandou o rei que o entregassem aos algozes *até pagar toda a dívida*.

Lição profunda essa, que serviu a Pedro e servirá a todos nós pelo tempo afora. Quem mais senão Jesus para colocar na linguagem simples dos simples o mecanismo sutil das Leis de Deus? Fazendo incidir hoje sobre aquele texto a luz da Doutrina Espírita, podemos descobrir, nas mesmas palavras, outros ensinamentos e novos ângulos.

Em primeiro lugar, a lição da tolerância. Perdoar sempre, perdoar sem reservas, sem limitações, nem imposições ou condições — perdão puro e simples, sincero e acabado. O perdão repetido desencoraja o ofensor, fá-lo pensar, lança no seu espírito a semente generosa do amor. O que precisa do nosso perdão está em erro porque ofende, maltrata e faz sofrer. O que perdoa exercita a sua paciência e entesoura a moeda luzente do resgate.

Em segundo lugar, o que perdoa se liberta. Dispondo do livre-arbítrio, poderia devolver a ofensa, retrucar uma bofetada com outra, gritar mais alto ao grito que ouviu. Optando pelo perdão, escapou ao compromisso, rompeu o círculo vicioso que o manteria acorrentado ao seu algoz, alimentando ódios, dando novo alento a novas formas de vingança. E a espiral das paixões desatreladas continuaria a evoluir na direção das trevas e das dores.

É verdade: o perdão liberta. Aquele que perdoa e oferece a outra face não é covarde, é sábio. Compra, com a aparente fraqueza de um minuto efêmero, a paz duradoura do futuro que permanece. De que serve matar o que mata, bater no que bate, ferir o que fere, se a lei prende na mesma algema os contendores? O ódio encadeia e sufoca as suas vítimas e só as deixa quando o

---

[2] Nota do autor: o talento era moeda de grande valor, correspondente a 6.000 dracmas que, por sua vez, valia seis óbolos. Por conseguinte, o talento era equivalente a 36.000 óbolos. Quanto ao *dinheiro*, era moeda de pouca expressão.

perdão desata as amarras. O que mais depressa perdoa mais cedo levanta voo para as regiões da paz interior. Enquanto odiarmos, estaremos em dívida perante a lei, e os nossos algozes poderão livremente exigir de nós o resgate das nossas faltas, ingenuamente arvorados em cobradores de Deus, nomeados por si mesmos ministros executores da sua lei. Já muito fizemos disso no passado e ainda hoje, aqui e ali, reincidimos no erro trágico, esquecidos de que, naquele momento fatal, assinamos novas promissórias na moeda corrente da dor. Que cada qual ajuste perante sua própria consciência ultrajada suas dívidas e remorsos. Não cabe a nenhum de nós assumir o papel antipático e doloroso de meirinhos impiedosos da vontade de Deus, punindo em nome do Senhor aqueles que ofenderam não a nós, que nada somos, mas às leis que nos protegem a todos. Não é essa a vontade dele. Que cada um se recomponha livremente diante da ordem universal perturbada. Não sejamos nós o veículo do escândalo de que nos falava Jesus; o ajuste é sempre necessário porque assim o exige a nossa consciência desassossegada, mas recusemos sempre e com firmeza o papel de instrumento da dor alheia.

Ademais, lá está, no texto de Mateus, a advertência imortal. Pedimos perdão de dívidas vultosas, de negros pecados, de erros clamorosos e, no mesmo instante, voltados para o irmão que nos ofendeu apenas com uma observação desatenta, lhe exigimos o reparo imediato, inapelável. Pedimos muito e não queremos dar coisa alguma. Devedores relapsos, revestidos de falsa humildade, somos cobradores impiedosos e altivos.

Enquanto isso, seguimos errando pela vida afora — erros que atingem irmãos nossos e lhes causam dores e aflições cuja profundidade e intensidade nem sequer imaginamos. Erros que, cometidos invariavelmente contra o semelhante, são também contra nós mesmos porque, ao cometê-los, marcamos encontro com a dor da reparação. É bom que o irmão a quem ferimos tenha aprendido a perdoar setenta vezes sete. É bom para ele; para nós que o ferimos, no entanto, o débito permanece. Podemos, no momento da ofensa, avaliar de cabeça fria a extensão da dívida subscrita? Seríamos capazes de prever quando, onde e como vamos poder repor as coisas no seu lugar? Quantas vidas decorrerão até que novamente nos encontremos com o irmão maltratado, em condições de curar-lhe a ferida com a carícia do nosso amor? Compõe-te com o teu irmão, enquanto estás a caminho com ele, dizia o Mestre. Mais tarde, certamente o faremos, porque essa é a lei, mas as lágrimas estarão em nossos olhos, quando nada, pelo tempo esbanjado. Estaremos aí já prontos para novas escaladas espirituais, mas ainda presos penosamente à retaguarda das sombras porque, como na visão de Nabucodonosor, temos a cabeça de ouro finíssimo, cheia de boas intenções, mas os pés são de ferro e barro, guardando na rigidez das suas formas a lembrança das vezes que os calcamos cheios de ódio sobre a garganta do irmão que implorava o perdão e a vida. É grande a dor desse momento em que compromissos tão antigos e esquecidos na memória do ser encarnado ainda nos prendem os pés emaranhados na aflição, enquanto nossos olhos angustiados contemplam as paisagens tranquilas que nos esperam quase ao alcance das nossas mãos.

Senhor: ensina-nos outra vez a lição do perdão, instrumento do amor, essa força universal que sustenta o átomo e as galáxias, a ameba e os anjos. Novos Pedros sequiosos de aprendizado e de paz, te buscamos na imensidão da tua paciente caridade para que nos repitas mansamente, setenta vezes sete, que precisamos perdoar outras tantas vezes. Só assim, Senhor, estaremos seguros de não ser entregues aos nossos algozes até que se resgatem todas as nossas dívidas. Ao contrário, Senhor, estaremos com as nossas mãos imperfeitas estendidas aos irmãos outros mergulhados na dor, a fim de que juntos nos levantemos para Deus, como Tu o queres.

28
Poluição espiritual

De repente, despertou no mundo inteiro uma aguda consciência do problema da poluição. Descobriram, afinal, os homens, que estão envenenando de mil formas diferentes o planeta em que vivemos. Os mares, que abrigaram as primeiras formas de vida e que seguiram, através dos milênios sem conta, estimulando e sustentando a vida em suas múltiplas manifestações, converteram-se, nas décadas finais deste século, em vastíssimas e mudas latas de lixo, onde os rios também poluídos despejam, a cada minuto, quantidades incalculáveis de detritos, tóxicos e podridão.

Nas grandes cidades, está poluído o ar que respiramos. Partículas invisíveis de venenos de toda sorte boiam na atmosfera e invadem-nos o organismo indefeso. O motor a explosão, base de todo o sistema de transporte moderno, expele, dia e noite, largas quantidades de gases de alto poder tóxico. São ainda esses motores infernais, que se tornaram praticamente indispensáveis ao fluxo e refluxo das massas humanas, que vieram agravar o calamitoso problema do ruído urbano. Essa nova forma de poluição, chamada sonora, nos atormenta de dia e nos enerva de noite, precipitando desarranjos psíquicos já de si tão comuns nos seres que vivem sob a terrível pressão das tensões embutidas no mecanismo da vida moderna em sociedade.

Até os alimentos que ingerimos trazem taxas elevadas de substâncias maléficas, absorvidas da atmosfera ou projetadas sobre as plantas para as defenderem de insetos e larvas. É que a civilização, há longo tempo, começou a perturbar o equilíbrio renovador das leis naturais, na ingênua, perigosa e irresponsável ilusão de corrigir a obra de Deus.

As chaminés das usinas contaminam os ares, enquanto suas tubulações de descarga de rejeitos infectam os rios. Além disso, circulam em torno de nós, em todo o espaço aéreo que nos envolve, radiações terríveis desprendidas das experiências atômicas, nas quais se ensaiam as dantescas matanças do futuro. Um cientista americano dizia há pouco, a um jornalista, que serão necessários de seis a dez séculos para se esgotar o poder destruidor dos refugos radiativos resultantes da fabricação de armas nucleares. Esses refugos são guardados em tanques de aço e envolvidos em argila para não afetarem os organismos vivos.

Junte-se a tudo isso o *background* de interesses comerciais irredutíveis e impiedosos que não abdicam, por um instante, da fúria incontida de ganhar dinheiro e teremos a imagem apocalíptica do mundo em que vivemos. É aterradora, pois, a visão que poderemos projetar do mundo que nos espera e aos nossos filhos; mundo que a incúria humana deixará para as gerações que nos sucederem, até que as Leis divinas do amor interfiram no processo de desagregação e espoliação dos recursos naturais para o qual se arranjou o nome tão sonoro, mas enganador, de civilização.

Há, porém, a outra face dessa deprimente medalha: a face espiritual que os cientistas humanos, sempre voltados para os aspectos materiais da vida, ainda não aprenderam a sentir. Há também — e como! — a poluição espiritual no mundo em que vivemos. Essa não a vemos, nem ouvimos, nem ingerimos ou respiramos, mas está por toda a parte, à nossa volta, nos dramas espirituais que se desencadeiam nos dois planos da vida. Espíritos e homens, envolvidos nos seus problemas e presos às suas paixões, aos seus ódios e compromissos, atormentam-se mutuamente, num intercâmbio doentio que espalha radiações perturbadoras.

O fantástico crescimento populacional da Terra — saltaremos de 3,6 bilhões para 7 bilhões até o fim do século — convoca, neste final dos tempos, bilhões de Espíritos que vagam pelas paragens infelizes do mundo espiritual. Para aqui vêm renascer multidões de seres desajustados, que carregam consigo uma atmosfera psíquica depressiva, a irradiar vibrações viciosas. Acompanham-nos comparsas desequilibrados, empenhados em partilharem os prazeres mais grosseiros que o corpo físico possa proporcionar. Despreparados para as conquistas do espírito, fora do alcance, ainda, das injunções do amor verdadeiro, pobres irmãos desorientados, entregam-se desesperadamente à trágica tarefa de transformar o corpo físico num instrumento de gozo. Não importa o preço que isso vai custar em angústias presentes e futuras. Ignorando eles a realidade do mundo póstumo, a vida lhes parece apenas uma fração fugidia de tempo que é preciso "matar" e não aproveitar no desenvolvimento das faculdades espirituais.

Nessa multidão aflita e em fuga, que desfila diante dos nossos olhos atônitos, figuram, por certo, muitos talentos genuínos cultivados em vidas inúmeras, que se foram e se perderam em experiências frustradas. Seguem buscando coisas que não sabem, sonhando sonhos que não se realizam, assistindo a uma vida que não vivem, querendo ao mesmo tempo ser espectadores e atores no imenso drama da existência.

Daí as drogas, instrumento de fuga, recurso final daqueles que não estão ainda armados espiritualmente para enfrentar as lutas e as realidades do viver terreno, com suas dificuldades, suas conquistas, seu trabalho, suas alegrias, seu aprendizado, enfim. Todo esse pensamento tumultuado de pobres irmãos aflitos, que nem sabem o que são e o que desejam, circula pelos espaços, avolumando as vibrações pesadas do desespero, dessa indefinível angústia que pesa especialmente sobre aqueles que têm mais aguda a sensibilidade psíquica.

Os mensageiros espirituais nos falam, com frequência, das dificuldades que devem vencer os dedicados trabalhadores do bem que, em missões de amor e sacrifício, penetram nesta pesada atmosfera psíquica em que vivemos, para socorrer-nos, para trazer o consolo de sua presença, a certeza do seu afeto, a esperança de nossa redenção.

Nessas tarefas de profundo teor fraterno, encontram apoio nos núcleos espíritas, na prece desinteressada de todos aqueles que — espíritas ou não — aprenderam a estabelecer com Deus o diálogo do amor universal. É que para orar não precisamos de nenhuma credencial senão a de sentir em nós, viva e atuante, uma partícula da luz divina que nos faz criaturas do mesmo Pai, ovelhas do mesmo rebanho, com o mesmo destino de paz inscrito no futuro.

É bem verdade que viemos viver numa época difícil, na qual a poderosa máquina civilizadora criou uma nova esfinge a rosnar soturnamente a ameaça multimilenar: ou me decifras ou te devoro!

Quanto a nós, espíritas, é evidente que sentimos no fundo do ser a repercussão dessas dores e angústias da hora última, mas graças a Deus já sentimos despertar a com-preensão das Leis divinas. Já sabemos que somos espíritos imortais e eternos, repetindo, no mundo confuso de hoje, experiências que nos levarão ao planeta redimido de amanhã. O plano espiritual, na generosidade de seus mentores, sob a luz poderosa do Cristo, colocou à nossa disposição um conhecimento que fortalece, porque nos ensina a compreender as crises que desatam a aceleração do processo evolutivo. Sabemos que precisamos ser pacientes e tolerantes. Entendemos que é necessário mantermo-nos em prece, servindo quanto possível, dentro das nossas próprias limitações e imperfeições. Não nos faltará, jamais, a proteção espiritual para o trabalho honesto. Se a hora é difícil, grande é o nosso patrimônio espiritual, no conhecimento das verdades eternas, diante das quais as angústias do momento são manchas de sombra num caminho ensolarado que nos leva à redenção espiritual.

Nada, pois, de temores. O mesmo Deus de amor que nos trouxe até estes dias tumultuados continuará a cuidar de nós todos, mesmo daqueles que se acham momentaneamente perdidos pelos atalhos perigosos da ilusão. Não nos deixemos contaminar pelo pessimismo, nem impressionar pela densa onda de poluição espiritual que se amplia sobre o planeta em que vivemos. Deus vela por todos nós.

29
O evangelho dos "mortos"

Tinha razão Paulo quando afirmou a Barnabé — segundo testemunho de Emmanuel em *Paulo e Estêvão* — que a posteridade muito haveria de revolver a história daqueles tempos heroicos em que a doutrina de Jesus iniciava o processo de divulgação pelo mundo afora.

Cada vez mais nos voltamos àqueles textos sagrados que nos contam uma das mais belas narrativas de amor e de renúncia que jamais se escreveram entre o céu e a terra. A Reforma de Lutero foi um movimento de retorno às fontes primitivas do Cristianismo, cuja pureza se comprometera no cipoal da Teologia meramente especulativa, perdendo-se na palavra fria e morta a luz e o calor do espírito vivo. O Espiritismo veio complementar e ampliar o trabalho magnífico de recuperação do verdadeiro sentido da pregação de Jesus, ao mesmo tempo em que a concilia, com perfeição e inteligência, com o contexto da sociedade moderna, oferecendo-lhe o suporte da razão...

E hoje, quando fazemos incidir sobre aqueles antigos textos a luz da Doutrina Espírita, vemos, com singular encantamento, formar-se diante do nosso espírito atônito a imagem nítida e surpreendente de um profundo conhecimento das Leis divinas que só agora o Espiritismo veio colocar ao alcance do nosso entendimento.

As epístolas do amado Apóstolo dos Gentios oferecem exemplos inúmeros de um conhecimento que depois se perdeu por muitos e muitos séculos e que somente no século XIX os mensageiros do Cristo vieram trazer de volta aos homens, por intermédio de Kardec. Mas não é só em Paulo que encontramos esse profundo entendimento da vida e de alguns dos mais secretos e delicados mecanismos da alma. Também nos evangelistas e nessa grande e inesquecível figura do muito querido Pescador de Almas.

Há quem ponha em dúvida a autenticidade da primeira epístola de Pedro, mas a *Enciclopédia britânica*, ao discutir o problema, reconhece que, mesmo que ela não seja autêntica, contém informações valiosas acerca das atividades do apóstolo após aquelas que os Evangelhos e os Atos registram. Sugere mesmo sua ida para Roma, que não ficou documentada na História, mas sobre a qual há informações, ainda que escassas, em Irineu, Clemente de Alexandria e Tertuliano. Aqui, mais uma vez, avulta a importância do trabalho de Emmanuel que, percorrendo os arquivos espirituais do Cristianismo primitivo, levantou para nós tão valioso acervo de informações, documentando a presença de Pedro em Roma, para onde seguiu ao encontro de Paulo, amigo de muitos anos, bom e fiel tarefeiro, como ele próprio.

Pois é precisamente na primeira epístola de Pedro que vamos encontrar, no capítulo 4, versículo 6, estas palavras que nenhuma explicação teriam — e não têm mesmo — senão em termos de Doutrina Espírita.

"Por isso, até aos mortos se anunciou a Boa-Nova, para que, condenados na carne segundo os homens, vivam em espírito segundo Deus."

O versículo citado se conjuga e se completa com os versículos 18 e seguintes, do capítulo 3, que assim rezam:

"Pois também o Cristo, para levar-nos a Deus, morreu uma só vez pelos pecados, o justo pelos injustos, morto na carne, vivificado no espírito. Em espírito *foi também pregar aos espíritos encarcerados*, outrora incrédulos quando os esperava a paciência de Deus..."

Que admirável conhecimento das leis espirituais que regem a vida!

Várias especulações resultaram da incompreensão do exato sentido dessas referências de Pedro. Segundo os comentaristas da *Bíblia de Jerusalém*, tratar-se-ia, na opinião de alguns, dos *mortos espirituais* (que é isso?) como, por exemplo, "os infiéis que perseguem os leitores da epístola". É preciso lembrar, por outro lado, que a 1ª Carta de Pedro é dirigida "aos que vivem como estrangeiros na dispersão", texto também indevidamente interpretado como referência aos que se encontram "desterrados na terra", quando, na verdade, se dirige aos judeus da Diáspora (dispersão) que se encontravam fora do território da Palestina. Como sabemos, Pedro se incumbiu de pregar o Evangelho aos seus irmãos de raça, enquanto Paulo se dirigia principalmente aos gentios.

Dessa forma, a pregação do Evangelho aos "mortos" não tem mistério algum nem exige nenhum esforço especial de exegese em termos de Doutrina Espírita. Logo após o drama pungente da cruz, o Mestre, em mais um gesto de suprema renúncia, foi também levar a esperança na sua palavra redentora às profundezas dos abismos da dor.[3] E quem poderia descer àquelas regiões tenebrosas, nessa missão grandiosa, senão Ele? Mateus nos fala três vezes (8:12, 13:42 e 22:13) dessas furnas onde há "choro e ranger de dentes". Lá imperam o ódio e a prepotência, aterrorizando aqueles que, arrastados pelas suas próprias paixões, caíram — como diz Agar, na sua prece — vitimados pela violência. E lá ficam por tempo indefinido e indefinível, que lhes parece uma eternidade.

Pedro nos conta, pois, que o Cristo foi pessoalmente levar a sua mensagem de amor até mesmo àquelas desoladas regiões a que hoje chamamos umbral, batidas pelas tempestades de muitas angústias e onde tantos e tantos infelizes jazem, como diz o apóstolo, *encarcerados*: "Em espírito foi também pregar aos espíritos encarcerados." Esses prisioneiros da dor foram, outrora, segundo Pedro, "incrédulos, quando os esperava a paciência de Deus". Que sutileza e profundidade em tão simples palavras!

Pela descrença se perderam, porque sem a aceitação de Deus a vida não faz sentido e o crime é apenas um episódio inconsequente que tantas vezes tem servido de trampolim para a conquista de posições de domínio e opressão. Dessa maneira, os que perderam a fé perderam-se a si mesmos e mergulharam fundo no erro. Embora Deus os tenha esperado pacientemente e lhes tenha feito inúmeras advertências e enviado seus mensageiros, o endurecimento no pecado precipitou milhões de Espíritos no campo angustioso da dor que redime.

Conhecíamos essas regiões apenas em breves referências e a imaginação não ia além porque a muitos pareciam elas pura invencionice de teólogos bem-intencionados para assustar os tímidos. Agora, porém, temos relatos mediúnicos em

---

[3] Nota do autor: a literatura mediúnica contém referências à visita do Cristo às regiões opressoras do infortúnio.

primeira mão de Espíritos que lá foram pessoalmente e nos contaram o que viram, e o que ali testemunharam vai muito além das mais imaginosas fantasias. Basta ler, por exemplo, *Libertação*, de André Luiz, para citar um só.

O que Pedro nos diz, portanto, é da mais pura autenticidade: Jesus mergulhou também nas regiões sufocantes da mais negra miséria espiritual, para que "até aos mortos" se anunciasse a Boa Nova. Ele não poderia esquecer ninguém, pois dissera a João (10:11 e segs.) que não eram só estas — os encarnados — as suas ovelhas; tinha outras, em *outro* redil, também sob sua amorosa guarda.

Pedro nos informa, portanto, que não há condenação eterna e, acima de tudo, que não há *mortos* no sentido em que muitos ainda hoje entendem essa palavra, pois mesmo aos que chama apropriadamente de *encarcerados* e, portanto, vivos em espírito, o Mestre divino pregou pessoalmente a esperança, acenando com a certeza da salvação, *na plenitude dos tempos*, como disse Paulo aos efésios.

Eis aí, pois, alguns textos para leitura e meditação no mês que a tradição consagra aos *mortos*...

30
Dormiria o Cristo ou dormimos nós?

A tarde chegara de mansinho. O dia fora longo e cansativo, pois eram muitas as solicitações. Mateus diz que lhe haviam trazido muitos possessos e enfermos. Ele os curou dos males físicos e espirituais, mas a multidão continuava a envolvê-lo. Marcos não menciona os endemoninhados e doentes neste ponto, mas informa que ele pregara longamente em parábolas, como era de seu hábito: a parábola do semeador, a da lâmpada, a da medida — a medida com que medis, com essa mesma sereis medidos —, a da semente que cresce sozinha, a do grão de mostarda. Lucas também se reporta às parábolas, mas não coloca o episódio da tempestade na mesma sequência que os seus dois companheiros evangelistas. Todos, porém, se referem com grande precisão à cena dramática no mar.

É certo, à vista dos relatos, que Jesus pediu que o transportassem à outra margem do lago. Marcos, mais minucioso, acrescenta que os apóstolos despediram o povo e o levaram, enquanto outras embarcações os seguiram.

São unânimes os narradores em assegurar que o Mestre logo adormeceu, e, enquanto ele dormia, levantou-se uma tempestade. Mateus diz que era tão grande o temporal que as ondas chegavam a cobrir a barca. Marcos diz apenas que era uma *forte borrasca*, enquanto Lucas confirma a inundação do barco pelas águas revoltas.

Muita gente deve questionar a possibilidade de armar-se uma tempestade desse porte num reduzido mar interior.

O chamado mar da Galileia é, na verdade, um lago, através do qual flui o rio Jordão. Fica entre o atual Estado de Israel, de um lado, a Síria de outro, e uma ponta da Jordânia, ao sul. Depois de atravessar o lago, o Jordão segue para o sul na direção do mar Morto, onde termina o seu curso.

O mar da Galileia era conhecido nos tempos do Antigo Testamento por mar de Chinnereth ou Chinneroth. Tanto nos livros dos Macabeus como nas obras de Flavius Josephus é chamado de Gennesar. Nos Evangelhos o nome preferido é o de mar da Galileia, mas Lucas chama-o de Lago de Genesaré (5:1), e João duas vezes menciona-o com o nome de mar das Tiberíades, que, aliás, ficou consagrado na designação moderna, Bahr Tabariyeh (João, 6:1 e 21:1).

Toda a região é um roteiro sentimental da peregrinação do Cristo, que ali viveu uma boa parte dos seus anos de pregação. Um pouco ao norte, Cafarnaum, mais abaixo, Magdala e, depois, Tiberíades. Do outro lado, Betsaida e Gadara com a Decápolis ao sul.

A *Enciclopédia britânica* informa que as "elevações em torno do mar são cinzentas e desnudas no verão, mas se cobrem de vegetação na primavera". "O lago" — informa pouco adiante — "está profundamente embutido no meio das elevações e, consequentemente, *sujeito a súbitas ventanias e violentas tempestades, que se armam rapidamente; a navegação não está livre de riscos.*" Os grifos são meus e servem apenas para destacar a observação moderna que confirma integralmente a informação dos evangelistas, segundo a qual as tempestades são ali súbitas e violentas.

É certo, pois, que ao iniciar a viagem para a outra margem, o tempo estava bom e as águas calmas. O Mestre logo adormeceu e dormia ainda no fragor da tormenta. A narrativa evangélica é extremamente sóbria e feita com enorme economia de palavras, especialmente de adjetivos. Quando os autores dizem que a borrasca era forte e que as águas invadiam o barco, podemos acreditar neles. Aqueles homens viviam em torno do lago, onde pescavam para sua subsistência. Conheciam os perigos e estavam afeitos a eles. Não há dúvida, pois, de que a tormenta foi de assustar e, por isso, decidiram despertar o Mestre, com a leve sugestão de uma censura na pergunta que lhe formularam, segundo Marcos: será que Ele não se importava de que eles morressem?

Mateus diz que Jesus primeiro os censurou pela falta de fé. Marcos e Lucas dizem que Ele primeiro acalmou a tempestade e só depois é que os advertiu sobre a fragilidade da fé que haviam demonstrado com o pavor. A lição que fica, no entanto, é unânime, e todos reproduzem a estupefação dos que estavam com Ele na barca, ao comentarem entre si:

— Quem é este homem a quem até os ventos e o mar obedecem?

A pergunta ressoa até hoje nos descampados imensos da História. Um grupo de homens simples e puros de coração, ignorantes dos grandes mistérios da vida, seguia fielmente o seu Mestre. Dia e noite estavam à sua volta, ouviam-no pregar, faziam-lhe perguntas, assistiam ao seu trabalho junto aos pobres, aos doentes, aos possessos; viam-no conviver com publicanos e renegados e, no entanto, não têm noção exata de quem é Ele realmente. Nunca viram alguém fazer calar os elementos enfurecidos. Jamais alguém demonstrou tanta calma, tanta segurança e fé. E, no entanto, bastou que Ele se reclinasse por alguns momentos na barca para que pensassem que os havia abandonado à sua sorte, no esquecimento do sono.

Hoje, quando tantos séculos rolaram sobre aquela cena dramática e profunda no seu conteúdo, não temos mais o direito de especular acerca da sua grandeza. Sabemos que Ele é grande, sabemos que ele não dorme, sabemos que mesmo ausente dos nossos olhos imperfeitos, em algum ponto deste mundo e em toda parte, Ele vela, dirige, aconselha, cura, prega, ensina, ama e espera. Sabemos que a sua mensagem original ficou enovelada pelo pensamento daqueles que em vez de se tornarem prisioneiros do Cristo, como dizia Paulo, preferiram a tentativa inglória e improfícua de aprisionarem o Cristo, a fim de colocá-lo a serviço de suas paixões.

E agora que novas borrascas se armam sobre o mundo — e não mais sobre o manso mar da Galileia —, muitos temem pelos seus destinos e bradam ao Cristo, desesperados e aflitos, achando que Ele dormiu e os esqueceu. Outros muitos desejam aproveitar a confusão da tormenta para implantar de uma vez, na Terra, o reinado da treva e da prepotência. Alguns destes, num doloroso processo de autoilusão, se dizem trabalhadores do Cristo e que, depois de restabelecido o processo do poder incontestado, reabrirão os Evangelhos para pregar novamente a palavra do Senhor. Como? Que lhes diria o Mestre se isso acontecesse?

"Jamais vos conheci, afastai-vos de mim, agentes da iniquidade!" (MATEUS, 7:23.)

Dormiria o Cristo ou dormimos nós?

Não são aqueles que dizem Senhor! Senhor! que entrarão no Reino dos Céus, advertiu Jesus, mas aqueles que fazem a vontade do Pai, isto é, cumprem a sua lei, trabalham incessantemente pela harmonização interior, entregam-se às tarefas do amor, não às da discórdia, da vingança, da opressão.

Estamos novamente em pleno mar da Galileia. A tormenta agita o barco que as ondas invadem e ameaçam tragar. O céu está negro e fechado, pesado e opressivo. O terror se instalou no coração de muitos, a indiferença em outros, a loucura em tantos, a ignorância em multidões inteiras. E o Cristo mais uma vez parece dormir... Mais uma vez parece esquecido das angústias daqueles que se voltam para Ele como último alento de esperança. Parece... Ou será que nós é que dormimos? Ou será que nós é que o esquecemos?

Estejamos em paz, ainda que a tormenta se avolume, e ela vai fatalmente avolumar-se. Encontramo-nos à soleira de uma nova era. Chegaram os tempos anunciados das dores, porque infelizmente, na imperfeita humana condição, as mudanças trazem dores no seu bojo. Não que sejam dolorosas em si; nós é que temos preferido a anestesia do conformismo. Queremos que as coisas mudem para melhor, mas não queremos mudar, esquecidos de que *as coisas não mudam,* são *os homens* que mudam; não os *outros* homens, mas nós mesmos.

Estejamos certos, pois, de que o Cristo não dorme, nem nos abandonou à nossa sorte. Sua mensagem renovada pelo Espiritismo está conosco, integral, restabelecida, explicada além do que Ele nos confiou naquela época, porque se ainda agora muito vacilamos no entendimento da sua palavra, que poderemos dizer daqueles tempos recuados em que até mesmo os que com Ele conviviam pensavam que Ele dormia...?

31
Olho por olho

Em quatro passagens diferentes a *Bíblia* reproduz a expressão "olho por olho": três no Antigo Testamento e uma no Novo. A primeira vez é em *Êxodo*, 21:22 a 25. O legislador trata de regulamentar, com a conhecida rigidez, o relacionamento difícil e precário daquela massa amorfa de gente que procura amalgamar num povo disciplinado e ordeiro. O texto consta do *Código da aliança*, que consiste num desdobramento ou detalhamento do *Decálogo*, explicitando normas para as questões civis e criminais. Começa com as leis sobre o altar, prossegue com a legislação atinente aos escravos, passa pelo homicídio e aborda, a seguir, o problema dos golpes e ferimentos. Chegado ao ponto indicado, diz:

> Se alguém, no curso de uma disputa, der golpe em mulher grávida e provocar o parto sem outro dano, o culpado será multado, conforme o impuser o marido e mediante arbítrio. Mas, se resultar dano, dará vida por vida, olho por olho, dente

por dente, mão por mão, pé por pé, queimadura por queimadura, ferimento por ferimento, machucado por machucado.

Mais tarde, no *Levítico*, capítulo 24, versículos 19 e seguintes, volta a lei, ainda implacável, com as "prescrições rituais complementares", insistindo na pena de talião, donde vem, obviamente, a palavra retaliação, que significa revide, ou seja, pagar uma ofensa com outra equivalente ou maior. Dizem estes versículos: "Se alguém causa uma lesão, como ele fez, assim se fará com ele: fratura por fratura, olho por olho, dente por dente; será feita nele a mesma lesão que haja causado a outrem".

Em *Deuteronômio*, 19:21, encontramos novamente a expressão, quando a legislação antiga regulamenta o testemunho na corte, perante os juízes. Se o testemunho for falso, a lei manda aplicar a pena de talião e recomenda: "...Não terás piedade dele, vida por vida, olho por olho, dente por dente, mão por mão, pé por pé."

A prática da retaliação estava, pois, profundamente enraizada na psicologia do povo. Era não apenas permitida, mas prescrita claramente, recomendada, incentivada. Era um direito que cabia ao ofendido: o do revide na mesma proporção da ofensa.

Conhecendo hoje, na perspectiva do tempo, as razões dessas duras prescrições, nem assim podemos aceitá-las sem ressalvas bastante sérias, porque elas muito contribuíram para implantar, através dos tempos, sob o manto protetor da lei, o princípio da vingança, em oposição à lei do perdão. A vingança prende o ofendido ao ofensor e reabre o ciclo que se alarga através dos tempos, pelo mecanismo da reencarnação. Aquele que se vinga ao pé da letra diante da agressão física ou moral assume simultaneamente o compromisso de resgatar sua nova falta mais adiante, no tempo. Quando recebemos, em nossas sessões de desobsessão, o Espírito que cobra uma falta praticada contra ele, é comum ouvi-lo citar a lei moisaica. Esquece-se ele, porém, ou o ignora, de que é exatamente por causa dessa lei que ele não deve acionar o dispositivo da vingança. O ciclo da ofensa não é fechado. Se lhe foi possível funcionar como ofendido, prejudicado, imolado à calúnia, à agressão, ao falso testemunho, ao crime, afinal, é porque ele próprio foi objeto da mesma pena, pois no passado, nalgum ponto no tempo e no espaço, ele também ofendeu, prejudicou, caluniou, agrediu, praticou crimes semelhantes e, voltando a praticá-los na vingança, predispõe-se fatalmente a nova cobrança de alguém, alhures.

É certo que a prescrição de Moisés, reproduzida pelos legisladores que se lhe seguiram ao longo dos séculos, tinha em vista preservar um mínimo de respeito à vida e à integridade física e moral do semelhante, mas o Cristo extrairia do ensinamento uma conotação inteiramente oposta, ao dizer, segundo *Mateus*, 5:38 a 41:

> Ouvistes dizer: Olho por olho e dente por dente. Pois eu vos digo que não resistais ao mal; antes, ao que vos bata na face direita, oferecei-lhe também a outra; ao que desejar disputar-vos a túnica, dai-lhe também o manto, ao que vos obrigue a andar uma milha, ide com ele duas milhas.

Que estranha filosofia é essa que tão fundamente contraria a lei antiga? Como pode aquele que recebe uma bofetada na face direita apresentar a esquerda ao agressor? Por que tão estranho comando de conformismo e renúncia?

Muitos dos chamados *espíritos fortes*, interpretando essas palavras ao pé da letra, acusaram a doutrina do Cristo de ser uma escola de covardes, porque sempre foi de bom padrão ético entre os homens a vingança pronta, radical, definitiva, arrasadora. A honra se lava com sangue. O duelo era, até há pouco, no século passado, o recurso doloroso da reparação e por ele muitas encarnações promissoras e redentoras chegaram a trágico fim, muitos lares se cobriram de luto e em muitos rostos rolaram lágrimas. Onde está, porém, a covardia? Naquele que deu a outra face à bofetada e corajosamente enfrentou o ridículo, a vergonha ou a humilhação necessária, ou naquele que, assustado diante da vergonha, acovardado ante a humilhação, matou ou se deixou matar para fugir à aflição do resgate ou da provação?

Não resistais ao mal, dizia o Mestre, isto não quer dizer, é claro, que tenhamos de cruzar os braços diante do mal, o que seria pactuar com ele, mas não devolver o mal com o mal, porque então, sim, passamos à condição de partícipes dele e somos apanhados pelas suas implacáveis engrenagens.

Não resistais ao mal, ensina o Cristo em *Mateus* e completa seu pensamento, no capítulo 26, versículos 51 e 52. Aproximava-se a hora extrema. Jesus conversava com os seus no Jardim de Getsêmani, quando chegou Judas acompanhado daqueles que deveriam prendê-lo. Houve reação da parte dos que o ouviam.

"Nisto — escreve Mateus —, "um dos que estavam com Jesus levou a mão à espada, sacou-a e, ferindo o servo do Sumo Sacerdote, cortou-lhe a orelha. Disse-lhe então Jesus: Devolve a espada à sua bainha, porque todos os que empunham a espada pela espada hão de perecer."

João repetiria ideia semelhante no *Apocalipse*, capítulo 13, versículo 10: "Aquele que levar alguém para o cárcere, para o cárcere há de ir; o que faz morrer pela espada, pela espada há de morrer".

Essa é a chave: a da responsabilidade pessoal pelos atos que praticamos, a certeza inexorável de que esses atos voltam sobre nós, tanto os bons como os outros. Esse conceito evangélico, o Espiritismo o conhece sob o nome de lei de ação e reação. Não há mais dúvida, para aqueles que estudaram a Doutrina dos Espíritos, de que cada um de nós constrói seu próprio destino inteiramente livre na ação, mas irrevogavelmente preso à reação. Nosso livre-arbítrio nos permite fazer hoje o que entendermos da nossa vida, sujeitos apenas à condicionante das ações passadas que nos inibem alguma escolhas, certos, porém, de que as nossas decisões de hoje condicionarão, por sua vez, as escolhas futuras. É nesse delicado e preciso mecanismo que se resolve o velho e disputado problema do livre-arbítrio em choque com o determinismo. Somos livres, sim, de agir agora. Podemos escolher o bem ou o mal, o comodismo ou a renúncia, o trabalho ou a ociosidade. Amanhã, porém, quando a ação passada nos obrigar a aceitar a reação inevitável, não poderemos queixar-nos dos rigores da lei, nem deblaterar contra a "injustiça" de Deus que faz sofrer o "inocente". O que fez perecer pela espada pela espada há de perecer. O que privou o irmão do dom sublime da visão há de viver nas trevas. O que enlanguesceu na opulência ociosa mal terá o que comer e o que vestir. Se além dessas dificuldades, não tiver fé, não será nem daqueles a quem dizia o Cristo que fossem como as aves do céu ou os lírios do campo que não colhiam nem teciam e, no entanto, nem Salomão se vestira como eles, com tão rica plumagem ou tão delicada e perfumada beleza. As lições do Cristo estão aí mesmo, repetidas insistentemente ao longo de muitos séculos. Nós, que vivemos esses séculos, aqui ou no Espaço, muitas vezes, inúmeras vezes, lemos e ouvimos esses mesmos ensinamentos proclamados em toda parte, em todos os tempos, a toda gente. O que estamos esperando para colocá-los em prática? Mais um punhado de séculos?

32
O servo não é mais que o senhor

Aproximava-se o fim da jornada terrena. Chegara a hora das despedidas e das últimas recomendações. Por algum tempo ainda o veriam e depois... seria a separação. Teriam compreendido bem os ensinamentos e os exemplos de todos aqueles anos de peregrinação? Teriam entendido as lições imortais do amor? Estariam em condições de divulgar por toda parte a palavra e as doces expectativas do Reino de Deus?

Talvez ainda não, mas ele não podia esperar mais, porque sua hora chegava rápido. Pareciam crianças grandes, sempre acostumadas a se voltarem para o Mestre e perguntar o que fazer e o que dizer. Nos momentos finais da última reunião ainda pareciam desavorados e inseguros.

— Senhor — diz Felipe —, mostra-nos o Pai e isso nos bastará.

— Tanto tempo estou convosco e ainda não me conheces, Felipe? O que viu a mim viu ao Pai. Como é que dizes: Mostra-nos o Pai? Não acreditas que eu estou no Pai e o Pai está em mim?

Mais tarde, depois que houvesse partido, como agiriam se ainda agora queriam a prova impossível da visão de Deus? Tinha ainda muito que dizer e ensinar, mas chegara o termo da tarefa e, mesmo que prorrogasse a permanência entre eles por alguns séculos à frente, nem assim poderia dizer-lhes tudo quanto era necessário. Só mais tarde, muito mais tarde na escala humana, daria mais uma parcela da Verdade eterna que liberta. Por enquanto, a lição tinha que ser primária, vazada em imagens e expressões singelas, quase infantis. Era preciso dramatizar sua mensagem, traduzi-la em ação que estivesse ao alcance da compreensão dos seus amados. Por algum tempo seriam eles os depositários da sua mensagem. Era preciso conservá-la intacta, viva e atuante. Os riscos eram muitos e certamente ele seguiria os passos de cada um, mesmo oculto nas dobras invisíveis do Infinito. Estaria presente neles, amorosamente. Mas era preciso deixar-lhes os sinais da sua passagem, as lembranças dos seus ensinos, a certeza da sua compreensão, a segurança do seu afeto. Que seriam fiéis depositários da Verdade, não tinha dúvidas, mas teriam alcançado toda a extensão do legado e as responsabilidades que sua guarda envolvia? No futuro, muitos os perseguiriam e os atormentariam, porque haviam sido discípulos seus, mas muitos outros haveriam de atirar-se aos seus pés pelas mesmas razões. Aqueles homens rudes conviveram com o Mestre maior que descera de inacessíveis regiões do mundo espiritual. Haviam estudado a lição do amor diretamente de seus lábios e aprendido as lições da vida diretamente de seu exemplo. Estariam livres do orgulho? Quando alguém lhes chegasse aos pés e lhes dissesse: "Abençoado sejas porque teus olhos contemplaram o Mestre imortal. Ensina-nos como Ele te ensinou, porque tu também és Mestre", escapariam ao doce e perigoso cântico da vaidade?

Sim, havia o risco, porque eram humanos também, e muito humanos, profundamente humanos. Por isso mesmo os escolhera. Como, porém, implantar-lhes no espírito para sempre a lição eterna da humildade? A palavra não bastava, porque a palavra se esquece no momento seguinte e ele não estaria mais presente para repeti-la.

Enquanto isso, a última ceia prosseguia e sobre eles pairava uma indefinível angústia e a intuição de uma saudade que ainda não era. Foi quando ele se levantou, sem nada dizer. Tomou uma toalha e prendeu-a em torno do corpo. Que pretenderia? É certo que todos o olhavam e se entreolhavam. Em seguida, tomou uma bacia e se curvou para lavar os pés de seus amigos.

Pedro, estupefato, recusava-se terminantemente a consentir que o seu Mestre, dobrado sobre o chão como um escravo qualquer, lavasse os pés empoeirados e rudes de rude pescador.

— Senhor, lavar Tu meus pés?

— O que faço — respondeu Jesus — não entenderás agora, só mais tarde.

— Jamais me lavarás os pés.

— Se não me deixas lavá-los, não terás parte comigo.

Isso também não; nunca! Lavasse, então, não apenas os pés, mas também as mãos e a cabeça.

Não era, porém, porque estivessem sujos.

— O que se lavou não necessita lavar-se; está limpo — disse ainda Jesus. — E vós outros estais limpos, ainda que nem todos...

E nesse diálogo prossegue a tocante cerimônia. Talvez pensassem que seria aquilo um novo ritual que Jesus desejasse ensinar-lhes. Qual seria, porém, o sentido profundo da cena inesquecível?

Terminada a cerimônia, Jesus retomou o manto que tirara para o trabalho e voltou ao seu lugar à mesa. Só então fez ver o sentido do seu gesto.

— Compreendeis o que acabo de fazer convosco? Vós me chamais de *Mestre* e *Senhor* e dizeis bem, porque o sou. Pois se Eu, o Senhor e o Mestre, lavei os vossos pés, também vós deveis lavar os pés uns dos outros. Dei-vos um exemplo, para que também vós façais como fiz convosco. Em verdade, em verdade vos digo, o servo não é mais que o senhor nem o enviado mais do que aquele que o envia.

A lição imortal da humildade foi narrada por uma testemunha ocular, pois consta do capítulo 13 do *Evangelho de João*. Muito falamos de humildade e muito ouvimos falar dela, ao longo desses dezenove séculos, mas quantas vezes separamos um minuto do nosso tempo atribulado para, no recolhimento silencioso, visualizar aquela cena comovente de um Espírito como não há outro neste planeta, curvado ao chão, lavando e enxugando os pés de seus discípulos simplesmente para imprimir-lhes para sempre na memória o preceito da humildade.

Teriam aprendido a lição? Certamente que sim. Mais tarde, escrevendo aos seus amigos ao longe, diria Pedro (I, 5:5):

"De igual maneira, jovens, sede submissos aos mais velhos; revesti-vos todos de humildade em vossas mútuas relações, pois Deus resiste aos orgulhosos e concede sua graça aos humildes."

A lição é sutil porque humildade não é sinônimo de subserviência, de bajulação, de servilismo. O Cristo de Deus, ajoelhado ao chão lavando os pés de seus amigos não é servil nem bajulador — é humilde, porque a grandeza dispensa o orgulho. O orgulho só existe quando queremos ser o que não somos. Nossas posições — humanas ou espirituais — podem parecer desniveladas às vezes, mas parecer é diferente de ser. O

O servo não é mais que o senhor

Espírito que se assinou Irmã Rosália escreveu em mensagem coligida por Kardec, em 1860, esta observação:

> Encontrei aqui [no mundo espiritual] um dos pobres da Terra, a quem, por felicidade, eu pudera auxiliar algumas vezes, e ao qual, a meu turno, *tenho agora que implorar auxílio* (*O evangelho segundo o espiritismo*, cap. 13, item 9.).

Se por um momento de invigilância nos sentirmos maiores ou melhores do que o irmão ao lado, é bom lembrar depressa que o servo não é mais do que o senhor. E aquele a quem hoje atiramos uma distraída moeda poderá ser amanhã aquele que vai vos estender a mão para nos tirar das sombras que nos envolverem.

33
Somos da verdade?

Da casa de Caifás, conta *João* (18:28), levaram Jesus ao pretório. Era já madrugada. Os judeus não entraram para não se contaminarem, pois ainda tencionavam comer o cordeiro pascal. Pilatos veio. A cena que se desdobra é majestosa, e os diálogos têm uma riqueza intemporal.
— Que acusações trazeis contra este homem? — pergunta Pilatos.
— Se não fosse um malfeitor não o teríamos trazido a ti.
— Levai-o e julgai-o vós mesmos, segundo a vossa Lei.
— Não podemos matar ninguém.
Pilatos retornou ao pretório e se dirigiu ao acusado:
— És tu o rei dos judeus?
— Dizes isso por ti mesmo ou o que os outros disseram de mim?
— Por acaso sou judeu? Teu povo e os sacerdotes entregaram-te a mim. Que fizeste?

— Meu reino não é deste mundo. Se meu reino fosse deste mundo, minha gente teria lutado para que eu não fosse entregue aos judeus, mas meu reino não é daqui.

— Quer dizer que tu és rei?

— Sim. Tu o dizes, sou rei. Para isto nasci e para isto vim ao mundo, para dar testemunho da verdade. Todo aquele que é da verdade ouve a minha voz.

E Pilatos, sem esperar resposta, e como se falasse consigo mesmo, perguntou:

— Que é a verdade?

E voltando aos judeus, declarou que não via crime naquele homem.

O momento é grave e solene. É chegada a hora, e o testemunho supremo se aproxima. Nada mais há a ocultar. Antes, não. Era preciso primeiro pregar a palavra, divulgar a mensagem das alturas, desvendar os mistérios do amor, acender as candeias da esperança, levantar os paralíticos, trazer de volta os próprios mortos, aquecer o coração dos solitários. Agora tudo estava dito e feito. Mesmo a sua condição de Messias era já conhecida entre os que o seguiam, e a hora chegara de reconhecer, ele próprio e publicamente, a sua condição.

— Sou rei.

Viera exatamente para isso: dar testemunho da verdade. E, mais uma vez, o mundo não estava preparado para recebê-la e compreendê-la, porque, como de outras vezes, a verdade contrariava interesses poderosos, punha em risco confortáveis posições de mando, dizia coisas que as consciências anestesiadas não queriam ouvir. A verdade é isso.

Somos da verdade?

É também nesse episódio que o Cristo não apenas confirma o seu messianato, mas também assegura aos que ainda o duvidassem que não buscava o poder político, como esperavam muitos e temiam outros. Se assim fosse, sua gente teria lutado por ele. Nesse mesmo ponto, transmite Ele outra informação preciosa, que precisa ser relembrada insistentemente:

— Todo aquele que é da verdade ouve a minha voz.

Os exemplos dessa hora dramática continuam a chamar nossa atenção para os mistérios e segredos da natureza humana. É a fraqueza dos que se julgam fortes e condenam o semelhante à destruição, pensando destruir-lhe também as ideias. É a fraqueza dos poderosos que, podendo estender a mão àquele que a turba deseja esmagar, compactuam com a massa inconsciente e concedem a vida preciosa que não lhes pertence. É a fraqueza dos donos da verdade que açulam multidões e lavam as mãos dos crimes que se cometem por sua inspiração mal-avisada.

Por outro lado, vemos a grandeza daquele que parece esmagado, mas, mesmo assim, confirma sua realeza para informar que não busca *esse* poder que condena, que destrói, que sufoca, que não recua nem diante do crime. Seu reino é outro, de compreensão, de amor, de renúncias inconcebíveis e anônimas. É a grandeza daquele que marcha para o testemunho, melancólico, por certo, mas sem recuos, sem temores, sem recriminações, porque a hora é chegada. É a grandeza daquele que, dispondo também de forças, não as levantou nem mesmo para defender sua vida, muito menos para o assalto ao poder temporal. É a grandeza sutil daquele que sabe em seu coração que não adianta colher o fruto antes que esteja maduro, pois somente ouvem a sua voz os que também, como ele, longe de serem donos da verdade, colocam-se como seus servidores, embora em planos diferentes e afastados.

Essas posições humanas reproduzem-se a cada momento, ao longo dos milênios. E, mais uma vez, a Doutrina dos Espíritos repete a lição, informando que seu reino não é deste mundo, que não busca o poder temporal nem a arregimentação descabida, pois somente ouvem a voz da verdade aqueles que estejam ligados a ela.

Os Espíritos renascem e esquecem. É preciso que alguém lhes venha recordar as belezas da verdade eterna. Não é sem razão que Platão dizia que aprender é recordar. Até mesmo ele, o grego ilustre, precisou recordar-se para que toda a força do seu gênio pudesse desdobrar-se na sublime filosofia do espírito imortal e reencarnante. A esses que vêm marcados pela verdade, não é preciso gritar em praça pública, nem agarrar pelo braço, nem prometer fatias de poder dentro do movimento, ou posições de brilho e destaque no seio da comunidade: eles estão prontos. Uma só palavra basta, um chamado, um gesto, um artigo, uma singela mensagem, um livro esquecido em cima da mesa, um fenômeno como tantos, a visão esmaecida de um ser que partiu, ou uma doce advertência murmurada com amor através da barreira da "morte". Só lhes falta aquele pequeno impulso, nada mais, e ei-los a caminho, integrados na equipe do Mestre, como antigos e fiéis trabalhadores. Não importa que no passado tenham errado muito; o que importa é que busquem com sincera emoção e humildade os caminhos, às vezes tão difíceis, da verdade.

E, assim, nós que tentamos ser da verdade, sigamos atentos e vigilantes e, no entanto, em paz. Prontos para o testemunho, e, ao mesmo tempo, desarmados de rancores, de frustrações e de ambições.

— Que buscais? — perguntava Ele.

É a paz? Então sigamos pelas trilhas que nos levam à paz. Elas não passam pelo território da mentira, nem da glória pessoal, efêmera e enganadora, nem do êxito fácil; passam, não obstante, pela região da renúncia, do trabalho silencioso, do serviço desinteressado ao companheiro que sofre. Se vamos ser notados ou não, que importa? Ficará o nosso nome na História? Esperamos que não, porque, das outras vezes, aqui e ali, no tempo e no espaço, quando os cronistas da saga humana anotaram o nosso pobre nome, amargamos no Além a dor de muitas angústias, de tenebrosos arrependimentos, de aflições inconcebíveis. Foi por causa de tais enganos que nos voltamos para os nossos maiores e lhes pedimos, com lágrimas de esperança, que nos ajudassem a planejar novas existências de dor que nos levantassem do opróbrio íntimo, pois mesmo aqueles que uma vez contemplaram a face tranquila da verdade volveram aos desenganos cruéis lá na frente. A conquista maior que nos espera não é a do poder sobre os semelhantes, para que sirvam de pirâmides à nossa glória, ou de pedestal à nossa vaidade, mas sobre nós mesmos, sobre nosso próprio território interior, onde sopram ainda os vendavais de muitas paixões.

Se somos da verdade, ouçamos a voz daquele que a conhece melhor do que nós. Ele é Rei, sim, mas não deste mundo; se o fosse, Ele o conquistaria pela força bruta e não pela doçura do amor. Se somos da verdade, Ele nos reconhecerá.

— Sim. Tu o dizes, sou Rei. Para isto nasci e para isto vim ao mundo, para dar testemunho da verdade. Todo aquele que é da verdade ouve a minha voz.

E nós? Estamos ouvindo a sua voz? Então somos da verdade.

34
Quem sou eu?

Conta-se que, ao atravessar uma fase particularmente difícil de sua existência, Teresa de Ávila ter-se-ia queixado docemente ao Senhor, ouvindo, em resposta, uma voz misteriosa que lhe dizia ser assim que Deus trata aqueles a quem Ele ama.

"É por isso" — responde Teresa, conformada, mas dolorida — "que Ele tem tão poucos amigos."

A tribulação do justo e do bom sempre foi um grave problema filosófico e moral. Por que sofre a criatura que tanto se empenha nas tarefas do bem, que se recolhe ao silêncio da renúncia, que se esforça por servir em lugar de ser servida, que sonha, como o amado Francisco, em se tornar dócil instrumento da vontade do Pai? Por quê?

A Doutrina dos Espíritos nos trouxe explicações lógicas e indiscutíveis, ao ensinar que a dor é a moeda difícil de ganhar, com a qual resgatamos compromissos vencidos de há muito, os quais a bondade infinita de Deus não permitiu fossem a protesto.

A cobrança é sempre amigável, se nos dispomos, honestamente, ao resgate, ainda que, às vezes, possamos estranhar as circunstâncias sob as quais ele se realiza. Por que, por exemplo, tudo nos parece tão difícil? Por que parece termos ficado abandonados à nossa própria sorte, sem a presença amiga de nossos mentores? A verdade é que não estamos sós, nem nos faltam recursos para a tarefa regeneradora. Nem a pena é superior à culpa, nem nossas forças inferiores às necessidades. Tudo está na medida certa. Só a impaciência continua impaciente; a revolta, revoltada. E, por isso, aquele que segue sob o peso da dor, mas sereno, parece um ser estranho, insensível e incompreensível.

Diante de questões como essa, que se transformam em objeto de penosas especulações no cérebro privilegiado dos sábios, outros sempre encontraram respostas. Como disse Jesus, Deus jamais ocultou a verdade aos simples e humildes. Veja bem que Ele disse simples e humildes, e, não, ignorantes, pois o ignorante também pode ser orgulhoso, e o sábio pode ser humilde.

Não é difícil encontrar no Evangelho a explicação que o próprio Mestre antecipou ao ensinamento que o Consolador haveria de trazer no futuro, segundo suas próprias observações. João registra essa palavra, em particular no capítulo 15, versículos 18 e 19:

> Se o mundo vos odeia, sabei que me há odiado antes de vós. Se fôsseis do mundo, o mundo amaria o que é seu, mas como não sois do mundo, porque vos retirei do mundo, por isso o mundo vos odeia.

Nada mais claro e profundo, verdadeiro e preciso.

Em primeiro lugar, o Mestre parece advertir por antecipação os que ficarem na dura liça terrena. Ele sabe que a luta não vai ser fácil. Quando falou que veio trazer a espada e a discórdia, não era porque sua doutrina fosse belicosa ou desarmonizada, mas porque aquele que deseja implantar, num mundo hostil, a verdade suprema do amor, não pode esperar que a semente generosa caia em terreno fértil e receptivo. Muitas espadas se levantarão contra a disseminação da paz, e a dissensão será levada até mesmo ao recesso dos lares, quando a mãe pacificada sofrer com o filho belicoso, ou a filha amorosa derramar lágrimas ocultas ante o pai agressivo. Como, porém, realizar a evangelização do mundo se não misturar os que já entreviram a luz com aqueles que tateiam nas trevas? Se os desesperados ficassem entregues ao seu desespero, jamais encontrariam o caminho que pode levá-los para fora daquele dédalo de paixões em que se perderam. Quem vai buscá-los senão os que já aprenderam a sair de lá? São esses os que Jesus retirou do mundo. Ao retirá-los e investi-los das tarefas salvadoras, embora humildes, marcou-os com o selo indelével do amor, e o mundo, que não mais os reconhece como seus, hostiliza-os abertamente. Se continuassem entregues ao mundo, seriam tolerados e até amados. Que não se impressionem, no entanto, lembra o Senhor, porque, antes de cada um de nós, Ele próprio — que também não é do mundo — sofrera o mesmo ódio, os mesmos rancores, as mesmas aflições. Ele, que nada tinha a resgatar. Àqueles a quem distinguiu com a sua marca concedeu não apenas o privilégio de servir, mas também o de se redimirem.

E, assim, nossa atitude diante da dor deve ser de respeito, de serenidade e de esperança. Estamos recebendo o salário justo, com o qual compraremos o tesouro da liberdade e da paz, aprendendo a conviver com a verdade. Não nos disse Ele que uma vez conhecida a verdade estaríamos livres? É assim mesmo. Depois do erro clamoroso, atormentados pela voz implacável da consciência, muitos são os que buscam fugir de si mesmos, num contínuo processo de alucinação. Quanto maiores as loucuras, mais forte a dose de anestesia espiritual que procuram ingerir. A dor alheia é um dos ingredientes desse veneno que a Ciência ainda não identificou. Enquanto fazemos os outros sofrerem, vivemos a trágica ilusão de que a nossa dor se atenua. Terrível ilusão: ela apenas se acovarda e se recolhe às profundezas do ser, de onde emergirá um dia, incontrolável, avassaladora, ao soar a hora do despertamento.

Por outro lado, se a dor não é de resgate, e sim sacrificial, tanto melhor. Não é mais belo sofrer por amor, para servir, do que sofrer sob o aguilhão da culpa? O pensamento do Cristo, no texto de João, não distingue aqueles que já estariam redimidos dos que ainda trazem o peso do erro; mas, que importa? Se Ele nos chamou, se nos separou do mundo, é porque confiou em nós, é porque nos entregou a tarefa da disseminação da esperança. Não é bom saber que a qualquer um de nós Ele confia a sua mensagem de amor, até a pobres e rotos trabalhadores como nós? É bastante que identifique em nós um átomo de boa vontade, um pequenino impulso no desejo de servir. É preciso que nos lembremos disso ao transmitirmos canhestramente o recado de Mais Alto. Peçamos aos companheiros que nos ouvem, que nos vigiam, que nos odeiam, que nos desprezam, que prestem atenção à beleza da mensagem e não aos andrajos do arauto. Não ao mensageiro, mas à própria essência da palavra que Ele traz.

É por isso que a Doutrina abençoada dos Espíritos nos previne, a cada instante, que não podemos cruzar os braços ante nossas próprias limitações, ou quando nos sentimos fustigados pela dor e pela incompreensão. Se insistíssemos em esperar a purificação e o equilíbrio para, então, começar a tarefa,

Quem sou eu?

nunca ela seria iniciada, e nunca alcançaríamos os primeiros estágios da purificação. Pode ser um belo sinal de humildade dizer ante a tarefa espírita:

— Quem sou eu?

Mas é também falsa modéstia, vaidade mal escondida, comodismo pernicioso a falar por nós, e em nós. Sim, quem sou eu, é verdade, mas mãos à obra que o trabalho aí está, não apenas nos outros, mas, principalmente, no território agreste do nosso íntimo, à espera de sacrifícios e renúncias anônimas.

E quando a dor nos sacudir mais fortemente do que desejaríamos ou esperávamos, lembremos daquela advertência imortal:

"...sabei que (o mundo) me há odiado antes de vós."

E graças daremos a Deus por sermos alguns daqueles poucos amigos que Ele tem.

35
O campo, a ferramenta e a semente

Muito se tem escrito e debatido acerca do problema da responsabilidade inalienável do ser humano na manipulação do seu arbítrio. De certa forma, a controvérsia multissecular entre os partidários da livre escolha e os do determinismo, embora tornada inapelavelmente obsoleta pela Doutrina dos Espíritos, sobrevive na discussão acadêmica entre filósofos e teólogos dos mais variados matizes. A terminologia pode ser mais sofisticada e a semântica bem mais elaborada, mas são muitos os que prosseguem discutindo basicamente os mesmos conceitos que atormentaram os pensadores do passado e incendiaram debates apaixonados.

A doutrina reformista da predestinação, decorrente de uma interpretação inadequada da teologia de Paulo, não passa de uma aplicação dogmática do conceito do determinismo. Segundo essa escola de pensamento, a criatura humana nasce

— supostamente para viver uma única existência na carne — já predestinada por Deus a salvar-se ou a ser condenada às penas eternas, sem nenhum apelo, qualquer que seja o seu procedimento. As contradições que essa esdrúxula doutrina criou no contexto do pensamento teológico são insuperáveis, por mais que se apliquem os eruditos teólogos para explicá-las. O extraordinário, contudo, é que tantos desses brilhantes pensadores não tenham ainda percebido que o problema da responsabilidade pessoal não se resolve, de maneira simplista, com a elaboração de uns poucos dogmas ou frases engenhosas. Não se apercebem, esses autores, de que é precisamente o dogma que está obstruindo a visão mais ampla, que os levaria à essência do problema.

Não queremos, com isso, dizer que o Espiritismo é o dono da verdade, como ninguém é dono do ar que respira ou da luz solar que ilumina e aquece a todos por igual. É certo, porém, que a aceitação das verdades contidas no Espiritismo um dia há de fecundar todo o pensamento humano, nos aspectos mais vastos que pudermos conceber: Ciência, Filosofia, Teologia, Ética. Como também é certo que os formuladores da Doutrina Espírita não inventaram conceitos novos nem fantasiaram o que ainda não era oportuno revelar. Ao contrário, sempre nos advertiram acerca do caráter gradualístico da revelação, que se desdobra por etapas no curso dos séculos, apoiada sempre em alguns conceitos básicos intemporais que vão sendo dosados segundo a capacidade de apreensão dos homens, o que vale dizer, conforme sua posição evolutiva. Antes que ele esteja pronto, o ensinamento da verdade superior seria prematuro e até mesmo prejudicial, o que se evidencia agora mais do que nunca, quando presenciamos o descalabro em que mergulharam as comunidades humanas em virtude da posse de conhecimentos avançados totalmente inoportunos ante a generalizada imaturidade moral.

No entanto, jamais faltou a advertência amiga e o severo chamado à responsabilidade pessoal. A despeito de tudo, o homem sempre achou que podia burlar ou ignorar a lei inescrita de Deus ou negociar com o Pai um acordo, mediante propiciações mais ou menos infantis, com as quais tenta-se "comprar" a boa vontade do Senhor e o seu perdão. É claro que o perdão está implícito na natureza divina, pois é da própria essência do amor, mas é preciso também entender que o perdão não nos exime da reparação do erro cometido. Daí o lamentável equívoco que se incorporou ao "sacramento da penitência" dos nossos irmãos católicos, que se julgam limpos de seus *pecados* depois de confessá-los ao sacerdote e proceder a um pequeno ritual apropriado. Não é assim, pois a responsabilidade pelo erro continuará ali, viva e atuante. Resultado de uma falha na utilização do livre-arbítrio relativo, que as Leis divinas nos conferem, o erro cria para todos nós, indistintamente, quaisquer que sejam as nossas crenças ou descrenças, o determinismo intransferível do resgate, e quanto mais erramos mais se aperta o círculo de ferro em torno de nós, até que a própria lei interfira em favor do pobre transviado para que não se prejudique ainda mais e indefinidamente. Mecanismo este, aliás, extremamente sutil, que traz em si uma aparente contradição, mas que nada tem de contraditório: a lei suspende temporariamente o exercício do livre-arbítrio precisamente para preservar na criatura o seu direito a ele. De fato, se a persistência no erro não reduzisse progressivamente nossa faixa de livre escolha, é fácil imaginar, por projeção, que chegaríamos a um ponto em que toda a nossa liberdade estaria extinta, cassada por nós mesmos. É disso que nos protege a lei.

Tudo isto, porém, são exercícios teóricos da faculdade de cogitar que é própria do homem. *Cogito, ergo sum*, dizia Descartes, e esta foi a sua primeira certeza. Muitos são, porém, aqueles que não possuem nem o gosto nem o preparo para esse tipo de especulação, mesmo porque o Cristo nos ensinou que a Verdade se revela com mais facilidade ao simples do que ao erudito, certamente porque este se perde no labirinto das suas especulações e como que se deixa fascinar pela música das suas próprias palavras.

A erudição balofa e complexa inexiste no pensamento de Jesus. Sua mensagem é pura, simples, eterna, concisa e se coloca ao alcance de todas as inteligências e culturas, em todos os tempos, sob todas as condições. Quantas vezes, aqui e no passado distante, temos ouvido essas verdades elementares? Quantas vezes nós mesmos as ensinamos, nem sempre convictos da sua autenticidade? Pois, agora, informados pela Doutrina Espírita, é mais que tempo de as entendermos em toda a sua profundidade e significado, dado que vamos encontrar, no mesmo evangelho que estudamos e pregamos durante quase dois milênios, em tantas e tantas vidas, o foco irradiante da luz que ilumina as estruturas do Espiritismo. Em outras palavras: levantando os fios luminosos com os quais foi tecida a Doutrina dos Espíritos, veremos que eles vão dar, todos, lá naquele núcleo abençoado de pensamento criador do Mestre Nazareno.

Tomemos um só exemplo: a parábola do rico e de Lázaro.

Não faltavam ao rico: boas roupas, mesa farta, amigos, vida livre e, segundo os padrões humanos, extrema felicidade. Enquanto isso, Lázaro, um mendigo coberto de chagas e de andrajos, ansiava pelas migalhas que sobravam da mesa rica. Com a morte, Lázaro libertou-se de suas aflições e partiu para o seio de Abraão, enquanto o rico ficou a penar no umbral. Foi daí que ele teve a visão de Lázaro junto de Abraão e gritou:

— Pai Abraão, tem pena de mim e manda Lázaro para que molhe em água a ponta de seu dedo, a fim de me refrescar a língua, pois estou atormentado nestas chamas.

— Filho — respondeu Abraão com firmeza —, lembra-te de que recebeste teus bens em vida, enquanto Lázaro, somente males; por isso, ele agora é consolado e tu atormentado.

Além de tudo, há entre nós um grande abismo, de modo que nem os daqui podem ir a ti, nem tu podes vir a nós.

— Rogo-te, contudo, pai Abraão — insistiu o rico —, que o envies à casa de meu pai, pois tenho cinco irmãos, para que os avise, a fim de que não venham eles também para este lugar de tormento.

— Eles lá têm Moisés e os profetas. Que os ouçam! — retrucou Abraão inflexível.

— Não, pai Abraão — ainda falou o rico —, se for a eles algum dos mortos, eles se arrependerão.

— Se não ouviram a Moisés e aos profetas — disse afinal Abraão, para encerrar —, tampouco se convencerão, ainda que um morto ressuscite.

―――•―――

Analisemos com um pouco mais de profundidade essa pequena peça filosófico-moral, à luz da Doutrina dos Espíritos: ali estão a transitoriedade dos bens mundanos que nos são apenas emprestados, pela sabedoria divina, para os testes destinados a avaliar o progresso realizado; a anestesiante influência desse poder efêmero sobre o sentido da solidariedade humana; o esquecimento dos compromissos; o resgate pela dor; a responsabilidade pessoal de cada um pelos seus atos, tanto quanto o mérito pelas realizações positivas; o conceito da sobrevivência do Espírito, que enfrenta no mundo póstumo as consequências do que realizou ou deixou de realizar; a possibilidade de entenderem-se Espíritos desencarnados e encarnados; a firmeza da lei que nos confirma o duro determinismo do resgate, para corrigir os erros praticados em decorrência dos desvios do livre-arbítrio; a presença constante de advertências amorosas, que insistimos em ignorar (eles têm Moisés e os profetas); a descrença com a qual sempre foi acolhida a manifestação dos seres desencarnados; e, finalmente, a necessidade incontornável de um longo e penoso trabalho pessoal de recuperação, de reconstrução, de pacificação interior.

Entre Lázaro redimido na dor e o rico que ainda estava no caminho de ida, nos seus desenganos, há um abismo de tempo a vencer. Encontram-se em níveis espirituais que os separam, não por força de um privilégio, mas em decorrência de um dispositivo automático que classifica as criaturas segundo seu peso específico que, por sua vez, está na dependência de suas conquistas espirituais, do seu trabalho de purificação, de renúncia, de sabedoria, de fraternidade. O abismo de que fala Abraão nada tem de físico; ele é moral, é uma questão de gradação numa vastíssima escala de valores. Um dia o rico também estará redimido, junto de Lázaro, sob as vistas de Abraão, mas é preciso que ele realize em si mesmo a tarefa indelegável do reajuste perante as leis desrespeitadas pelo seu livre-arbítrio.

Há mais, porém, a observar com relação à parábola. É na sua aplicação a nós mesmos, à nossa condição atual. Ela nos convoca a um reexame contínuo de posições. Não estaremos mergulhados na inconsciência do rico a malbaratar bens materiais, espirituais e culturais? Não estaremos esquecidos do dever de servir, onde estivermos, àqueles que a Misericórdia Divina colocou junto à nossa mesa farta? Não estaremos a insistir que nos enviem mais testemunhos quando já temos diante de nós o exemplo dos que trilharam antes os caminhos que ora percorremos? Não estaremos a pedir a constante presença dos "mortos", com as suas exortações, quando contamos, de há muito, com os claros postulados da Doutrina?

A misericórdia do Senhor cedeu-nos o campo, a ferramenta e a semente. Faz o sol aquecer a terra e envia a chuva a regá-la. A nós apenas competem as tarefas de arar e semear. O que estamos esperando? A agonia e o remorso, a impotência e o desespero da dor ante o abismo que nos separa daqueles que já se encontram no *seio de Abraão*?

36
Joana d'Arc segundo Léon Denis

"Em 1839", escreve Régine Pernoud[4], "o erudito escritor Vallet de Viriville estimou em quinhentas as obras dedicadas a Joana d'Arc; cinquenta anos depois o número havia quintuplicado. Contudo, o interesse que ela suscitou no século XIX nada é, comparado com o que tem despertado desde então."

É verdade isso. Poucas figuras humanas como a legendária menina de Domrémy reúnem em si mesmas tão extraordinários atributos e, por isso, continuam a surgir textos acerca da *Pucelle*, explorando, quanto possível, aspectos novos da sua trajetória, ou lançando novas teorias acerca do fenômeno Joana d'Arc, a despeito da existência de obras exaustivas, como os cinco volumes de Quicherat, os quatro de Lefèvre-Pontalis, os quatro do abade Dunand, e quantos mais...

---

[4] PERNOUD, Régine. *The Retrial of Joan of Arc*. Nova Iorque: Brace e Co., 1955.

Seria inexplicável tal interesse por uma adolescente executada há quase cinco séculos e meio, não fossem as circunstâncias que envolveram o lamentável e doloroso episódio. Ao comentar os depoimentos recolhidos durante o processo de reabilitação, Régine Pernoud escreve que cada um contribuiu

> com pequenos traços para o desenho do mais espantoso retrato existente na história da França: o de uma jovem de vinte anos incompletos, que não sabia distinguir o A do B, mas que restaurou um reinado e escolheu o seu rei.

Mas, não somente isso, porque ela realizou o prodígio contra as mais inconcebíveis resistências e dificuldades para depois ser abandonada, inclusive pelo homem em cuja cabeça depositou a coroa da França, restaurada na sua glória e poder. Por outro lado, foram precisamente os representantes da Religião, que ela honrou com a pureza imácula das suas práticas devotadas, os que se investiram da pretensa autoridade para condená-la em nome do mesmo Cristo que diziam amar e servir da única maneira certa...

"Que língua falou a voz?" — pergunta um dos inquisidores.

"Melhor do que a vossa" — responde Joana, que notara o forte sotaque do dialeto limosino que falava o dominicano."

E outro:

"Você crê em Deus?"

"Melhor do que vós" — é a resposta.

Já no início dessa barragem de perguntas, em Poitiers, formuladas pelos mais cultos e ardilosos "doutores da lei" à época, ela fizera a sua afirmativa de que não sabia "A nem B", mas quanto ao que vinha, isto sim:

"Venho da parte do Rei do Céu para levantar o sítio de Orléans e para conduzir o rei a Reims, para que seja coroado e consagrado."

Para explicar esse fenômeno que aturdia os generais e confundia os teólogos, faltava na vastíssima bibliografia histórica uma interpretação vazada em termos de Doutrina Espírita. Essa tarefa coube ao *filósofo-poeta do Espiritismo*: Léon Denis. E nas homenagens que tão merecidamente lhe são prestadas nesta oportunidade, convém relembrar o notável estudo de sua autoria que explica e define a posição de Joana d'Arc como médium e evidencia a indiscutível interferência dos poderes espirituais no curso da História.[5]

"A vida de Joana", escreve Denis, "é uma das manifestações mais brilhantes da providência na História."

Não se trata, porém, de mais uma tese sobre a *Pucelle*: é obra de pesquisa, de carinho, de inteligência e de lucidez. Mais do que isso ainda: a própria Joana, das alturas rarefeitas da luz, acompanha o trabalho do incansável batalhador da verdade. Escreve Denis:

> Por isso mesmo, é que, votando-lhe ardente simpatia, consagrando-lhe terna veneração e vivo reconhecimento, escrevi este livro. Concebi-o em horas de recolhimento, longe das agitações do mundo. À medida que o curso de minha vida se precipita, mais triste se torna o aspecto das coisas e as sombras se condensam à volta de mim. Mas, vindo do alto, um raio de luz me ilumina todo o ser e esse raio emana do Espírito de Joana. *Foi ele quem me esclareceu e guiou na minha tarefa* (grifo do autor).

E, mais adiante, para concluir: "Estas páginas são a expressão fiel do seu pensamento, do seu modo de ver."

O livro não é, pois, um mero levantamento histórico com base em documentos preexistentes e suposições mais ou

---

[5] DENIS, Léon. *Joana d'Arc, médium*, 2010.

menos engenhosas; ele contém testemunhos vivos recebidos mediunicamente da própria Joana, como este:

> "É-me doce e delicioso volver aos momentos em que pela primeira vez ouvi minhas vozes. Não posso dizer que me amedrontei. Fiquei grandemente admirada e mesmo um pouco surpreendida de me ver objeto da Misericórdia Divina" diz ela em mensagem datada de 15 de julho de 1909.

———— • ————

Vem de remotas eras o aprendizado desse valoroso Espírito, segundo revelou em outra mensagem ditada, em Paris, em 1898. Vivera existências proveitosas na Armórica,[6] entre os celtas, aprendendo com os sacerdotes druidas as verdades da sobrevivência do Espírito, da comunicabilidade e da reencarnação.

É provável até que seus caminhos tenham se cruzado aí com os de Kardec. Em mensagem ditada em 1909, lembrou o Codificador: "Fui sacerdote, diretor das sacerdotisas da ilha de Sein e vivi nas costas do mar furioso; na ponta extrema do que chamais a Bretanha."

Denis deixa entrever que Joana teria também experimentado "existências de patrícia" romana e de grande dama, "amante de vestes suntuosas e belas armaduras".

Um dia, em passado distante, aquela que seria Joana adormeceu e teve a visão de combates sangrentos que, infelizmente, eram impossíveis de serem evitados, em virtude do livre-arbítrio de cada um, mas, especialmente, porque eram motivados pelo "amor ao ouro e à dominação, os dois flagelos da Humanidade".

---

[6] Nota do autor: Armórica é um nome romano derivado de duas palavras célticas que significam "junto ao mar". Compreendia, aproximadamente, a região que, mais tarde, seria conhecida como Bretanha, nas antigas Gálias. Ver, também, a respeito, o artigo "Rivail — o direito de ser Kardec", em *Reformador* de novembro de 1976, pág. 331.

A visão prosseguia, mostrando-lhe a grandeza futura da França e o papel que caberia a essa nação no processo civilizador da Terra.

> Deliberei consagrar-me muito particularmente a essa obra. Logo me vi rodeada de uma multidão simpática que na maior parte chorava e deplorava a minha perda. Em seguida, o veneno, o cadafalso, a fogueira passam vagarosamente por diante de mim. Senti as labaredas devorando-me as carnes e desmaiei!

A missão era, pois, importante, mas extremamente penosa. Havia, porém, um trabalho a realizar, e a tarefa, ao mesmo tempo em que objetivava introduzir uma correção deliberada no curso da História, representava para Joana uma oportunidade redentora que ela não deveria recusar, embora pudesse fazê-lo.

Havia, ademais, valioso prêmio, se a empreitada fosse bem realizada, pois os amigos espirituais procuraram imediatamente neutralizar o seu susto:

"Espera! A falange celeste que tem por missão velar sobre esse globo te escolheu para secundá-la em seus trabalhos e *assim acelerar o teu progresso espiritual.* Mortifica tua carne — ensinavam eles —, a fim de que suas leis não possam ser obstáculo a teu Espírito. A provação será curta, porém, rude."

Nesse encontro lhe foi, dessa forma, assegurado todo o apoio de que precisasse, e anunciado até o processo de que se utilizariam, ou seja, a instrumentação da mediunidade, como elo com os componentes da equipe celestial. Ela devia estar preparada para "resistir aos homens e obedecer a Deus".

"Seguindo estes conselhos, os mensageiros do Céu virão a ti, ouvirás suas vozes e te aconselharão; podes ficar tranquila, não te hão de abandonar!"

Assim foi, muito embora, para Joana encarnada, esse abandono parecesse, às vezes, caracterizado em situações extremanente críticas, a partir da sua prisão e entrega aos ingleses. As vozes calaram-se por algum tempo e quando lhe falavam era para dizer que não se afligisse tanto, pois que a libertação vinha próxima. Interpretando a seu modo a promessa, Joana pensava que seria posta em liberdade ainda na carne. Tratava-se, porém, da libertação da carne e não na carne.

Nem aí, porém, seus amigos a abandonaram.

"Terá Joana sofrido muito?" — pergunta Léon Denis. Ela própria nos assegura que não. "Poderosos fluidos, diz-nos, choviam sobre mim. Por outro lado, minha vontade era tão forte que dominava a dor."

Cumprira fielmente a sua tarefa gigantesca, a qual, segundo Denis, se desdobrara em dois aspectos distintos: o renascimento político da França, é certo, mas também "a revelação do mundo invisível e das forças que ele encerra". Pela primeira vez, documentava-se na História, sem contestação possível, que essas forças podem interferir e o fazem quando necessário.

"Quando o Céu intervém", escreve Denis, "quando Deus manda seus mensageiros à Terra, podem opor-se-lhe à ação resistências e obstáculos?"

Sobre este delicado aspecto, o eminente pensador espírita expende comentários de grande oportunidade e profundeza, pois tanto o homem, individualmente, é livre, quanto a Humanidade, como um todo, o é. Livres, mas responsáveis. O exercício do arbítrio, num como noutra, acarreta inelutáveis consequências ao longo do tempo. Diz Denis:

> Também o cego é livre e, contudo, sem guia, de que lhe serve a liberdade?
> Quando o cego marcha para o abismo, é preciso que o guia interfira com o cuidado possível, mas também com a energia necessária.

A missão de Joana é dificílima. Nenhum ser, por mais elevado que seja seu gabarito evolutivo, seria capaz de realizar aquela tarefa gigantesca sem estar solidamente articulada com as equipes espirituais que o sustentam.

A situação da França é desesperadora. A luta com a Inglaterra arrasta-se há quase cem anos. Sucessivas derrotas esmagaram a nobreza e destroçaram o moral das tropas. A economia desorganizou-se; há destruição por toda parte, fome, peste, ausência de autoridade e de liderança, traições, acomodações e desespero. De vitória em vitória, o inimigo aproxima-se do coração da França. Paris já se encontra em poder dos ingleses. Falta Orléans, que, não obstante, está sob penoso sítio, quase nos limites da resistência. O mato cresce nos campos de cultivo, as aldeias foram abandonadas, imperam por toda parte a desolação, o banditismo, a morte.

Nesse angustioso cenário, uma nação, outrora valente e gloriosa, aguarda o último ato de sua soberania. A um canto, encurralado em Chinon, o delfim [Carlos VII] assiste, impotente e apático, à agonia de sua pátria.

Aliás, em todo esse episódio doloroso, a figura mais trágica é a desse príncipe aturdido. O julgamento da História não lhe é absolutamente pacífico. Muitos são os que o tratam com impiedosa dureza, especialmente porque foi dos primeiros a abandonar a jovem guerreira à sua própria sorte. Marcel Grosdidier de Matons[7] tenta oferecer-nos uma visão mais simpática do pobre delfim, cuja posição, na verdade, não era das mais fáceis. De fato, o tratado de Troyes, nascido das maquinações de sua própria mãe, Isabeau, e do Duque de Bourgogne, declarava-o sumariamente bastardo. Num regime de sucessão por direito divino, como o da França, como poderia uma criatura nessas condições aspirar ao trono?

---

[7] MATONS, Marcel G. *Le Mystère de Jeanne d'Arc*. Paris: Félix Alcan, 1935.

"Vive ele em Chinon, despreocupado de seu infortúnio" — diz Denis —, "absorvido pelos prazeres, cercado de cortesãos que o traem e secretamente pactuam com o inimigo."

A esse homem, que nem em si mesmo acredita, é que compete a Joana colocar sobre um trono, que lhe cabe reerguer dos escombros de uma nação aviltada por derrotas e traições, e que se prepara para aceitar o inevitável. Já a essa altura, Henrique VI, da Inglaterra, se proclamara rei também da França.

Por isso, observa Léon Denis:

> E vede que mistério admirável! Uma criança é quem vem tirar a França do abismo. Que traz consigo? Algum socorro militar? Algum exército? Não, nada disso. Traz apenas a fé em si mesma, a fé no futuro da França, a fé que exalta os corações e desloca as montanhas. Que diz a quantos se apinham para vê-la passar? 'Venho da parte do Rei do Céu e vos trago o socorro do Céu!' Nenhum poder da Terra é capaz de realizar este prodígio: a ressurreição de um povo que se abandona. Há, porém, outro poder, invisível, que vela pelo destino das nações.

Joana é a representante viva desse poder, e o instrumento que torna possível o prodígio, a que alude Denis, é precisamente a mediunidade que, segundo o escritor espírita, raras vezes tem ocorrido assim tão variada, completa e cristalina. Ela vê e ouve seus companheiros espirituais. Fala com eles, recebe instruções, avisos, estímulos e conselhos. Transmitem-lhe intuições exatas no momento preciso. Levantam para ela, aqui e ali, o véu que ainda encobre o futuro. Seguem-lhe os passos por toda parte, desde Domrémy, quando abandona a casa paterna, no silêncio da noite, até Rouen, onde seu corpo se consome em chamas. Não chegou a durar dois anos a epopeia da menina admirável, que se deixa guiar, com bravura, pelos seus amigos de cima e enfrenta, destemidamente, todos os ardilosos comparsas das sombras que se atravessam no seu caminho. Quase todos vêm vestidos de mansos cordeiros ou trazem as insígnias coloridas do poder temporal, principalmente religioso, para oprimirem exatamente a ela, que fala em nome dos amigos de Jesus!

Vencendo dificuldades sobre-humanas, chega, afinal, a Chinon, porque as vozes insistem em que ela fale com o delfim. Dois dias se arrastaram antes que fosse concedida a almejada entrevista. Nada intimida aquela jovem e iletrada camponesa. Parece habituada a mover-se nas cortes dos reis, pois, como escreve Denis, "em épocas que lhe precederam ao nascimento, frequentou moradas mais gloriosas do que a corte de França e disso guardou a intuição".

É chegado o grande momento. Entra no salão imenso, onde se reúnem trezentas pessoas da mais alta nobreza, ricamente trajadas. Ainda desconfiado e hesitante, o delfim misturou-se à multidão, colocando outra pessoa no trono. Joana não se deixa enganar: dirige-se a ele, com firmeza e deliberação, ajoelha-se aos seus pés e depois lhe fala longamente, em voz baixa, ante a estupefação geral e não poucos sorrisos de mofa e incredulidade. Traz-lhe o recado de mais alto, que a História não documentou. Sabe-se, porém, que confirmou, da parte dos poderes que a enviavam, que ele era filho do rei e herdeiro legítimo da coroa, restituindo-lhe a confiança em si mesmo.

Continuaria, pela sua curta e momentosa existência, a dar testemunho dos seus dons e das suas indiscutíveis credenciais. Inúmeras vezes enfrentaria o poder transitório da Terra, sob as mais adversas condições, com a segurança que lhe emprestavam seus amigos invisíveis.

"Quando, porém, vos levarem às sinagogas" — ensinara Jesus (Lucas, 12:11 e 12) —, "perante os magistrados e as autoridades, não vos preocupeis com o que haveis de responder para a vossa defesa, porque o Espírito Santo vos inspirará naquela hora o que deveis dizer."

Assim foi. Ante a saraivada de questões, das mais capciosas, ela se manteve firme, confundindo a todos com as suas respostas corajosas.

Um exemplo: quanto ao Espírito que se identifica aos seus olhos como São Miguel, o pobre Cauchon lhe pergunta:
— Ele estava despido?
— O Senhor pensa que Deus não tem com que vesti-lo?
— Tinha cabelos?
— Por que lhe seriam cortados os cabelos?

Apresentavam-se, pois, seus amigos, completamente apreensíveis à sua visão espiritual.

———— • ————

Por fim, a penosa paixão que se arrastaria por seis meses. A Léon Denis revelou pormenores dolorosos. Diz ela:

> Mandaram forjar para mim uma espécie de gaiola em que me meteram e na qual fiquei extremamente comprimida; puseram-me ao pescoço uma grossa corrente, uma na cintura e outras nos pés e nas mãos. Teria sucumbido a tão terrível aflição se Deus e meus Espíritos não me houvessem prodigalizado consolações. Nada é capaz de pintar a tocante solicitude deles para comigo e os inefáveis confortos que me deram. Morrendo de fome, seminua, cercada de imundícies, machucada pelos ferros, tirei de minha fé a coragem para perdoar os meus algozes.

Quanto à sua desesperada obstinação em usar roupas masculinas, esclarece Denis que foi para se defender melhor dos incessantes atentados ao seu pudor, não apenas da parte dos soldados que a vigiavam noite e dia, mas até mesmo do lamentável Conde de Stafford que, "levado tanto pela superstição quanto por uma paixão hedionda" — escreve Denis —, "entrou no cárcere de Joana e tentou violentá-la".

Acreditavam aqueles pobres Espíritos atormentados que, com isso, quebrariam o encantamento que sustentava aquela vontade férrea e a desligariam dos poderes em que se apoiava.

Enfrentava, na época, cerca de setenta juízes temíveis, sob o comando de Pierre Cauchon, que recebeu, como recompensa, o bispado de Lisieux. Mais tarde, segundo lembra Denis, seria excomungado, não pela atuação no processo de Joana, mas "simplesmente porque recusou satisfazer a um pagamento que o Vaticano exigia".

Esses foram os homens que julgaram a menina de Domrémy, esses eram os métodos de que se serviam para alcançar seus fins.

Por isso, a tarefa de Joana prossegue ainda hoje. Léon Denis informa que, ao escrever seu livro, muitos dos atores daquele drama tenebroso estavam reencarnados na Terra sob a proteção de Joana. Escreve Denis:

> Carlos VII reencarnado num desconhecido burguês, acabrunhado de enfermidades, foi muitas vezes distinguido com a visita da 'filha de Deus'. Iniciado nas doutrinas espiritualistas, pôde comunicar-se com ela, receber seus conselhos, seus incitamentos. Uma única palavra de censura lhe ouviu: 'A nenhum', disse-lhe um dia Joana, 'me custou tanto perdoar como a ti.'[8]

A antiga *Pucelle* conseguira reunir em só ponto da Terra seus inimigos de outrora, inclusive seus algozes. Procurou guiá-los em direção à luz, tentando fazê-los "defensores e

---
8 DENIS, Léon. *Joana d'Arc médium*, 2010.

propagandistas da nova fé". Era de ver-se o devotamento da antiga vítima pelos seus torturadores, mas Denis se vê na contingência de confessar, em nome da verdade, que os resultados foram medíocres. Assim que se dissipavam, no envolvimento do mundo, as emoções daqueles contatos sublimes, eles se deixavam levar pelas suas paixões ainda ativas. Em breve, cessaram as manifestações.

"Joana jamais se revelou senão a poucos", prossegue Denis. "Os outros não souberam adivinhá-la. Raros puderam compreendê-la. Sua linguagem era muito perfeita; vertiginosas as alturas a que tentava atraí-los. Esses estigmatizadores da História, que se ignoram a si mesmos, ainda não estavam amadurecidos para semelhante papel".[9]

A supliciada de Rouen, porém, não abandonou os seus tutelados. Ainda hoje, e por muito tempo ainda, há de seguir amorosamente os seus passos, na esperança sempre renovada de conduzi-los ao coração do Mestre. Quando, onde e como despertarão, esses Espíritos atormentados, para as belezas do amor?

———•———

Resta uma palavra final. Não escaparia a Denis, certamente, o paralelo entre os sofrimentos de Jesus e as agonias de Joana. Tal como Ele, ela foi traída, vendida, abandonada e sacrificada ao ódio desvairado dos donos do poder temporal. Tal como Ele, sofreu heroicamente o suplício, perdoou a todos e seguiu amando. Tal como Ele, inúmeras vezes tem voltado sobre seus passos para tentar o resgate daquelas almas tão fundamente marcadas pela aflição e que se prestaram ao papel doloroso de instrumentos da sua agoniada paixão.

---
9 DENIS, Léon. Joana d'Arc médium, 2010.

Consta que Joana teria vivido ao lado de Jesus a personalidade controvertida e dramática de Judas. Em *Crônicas de Além-túmulo* (cap. 5), obra escrita pelas mãos abençoadas de Chico Xavier, Humberto de Campos, Espírito, deixa entrever essa hipótese, ao reproduzir, em sua entrevista, a informação de Judas:

> Depois da minha morte trágica, submergi-me em séculos de sofrimento expiatório da minha falta. Sofri horrores nas perseguições infligidas em Roma aos adeptos da doutrina de Jesus e as minhas provas culminaram em uma fogueira inquisitorial, onde, imitando o Mestre, fui traído, vendido e usurpado. Vítima da felonia e da traição, deixei na Terra os derradeiros resquícios do meu crime na Europa do século XV.

Não importa, porém, que Joana tenha ou não vivido como Judas; o que importa, hoje, é o seu exemplo de bravura, de absoluta confiança nos poderes que nos guiam os passos vacilantes pelos caminhos da vida. Foi uma pioneira da mediunidade a serviço total da Humanidade. Por intermédio dela, uma criança analfabeta, os Espíritos do Senhor provaram que podem mudar o rumo da História e que os homens não estarão para sempre entregues aos seus desatinos.

É bom relembrar isso, hoje, quando muitos acham que toda a civilização moderna disparou desabaladamente num processo de autodestruição. Não é isso o que informam as profecias. Não é isso o que dizem os mensageiros do Senhor. Ao contrário, asseguram eles uma era de paz e de reconstrução, que se iniciará precisamente a partir do momento em que tudo parece mergulhar no caos. E como não será preciso demonstrar novamente que isso é possível, é absolutamente necessário que não nos coloquemos ao lado daqueles que, num supremo esforço do desespero, estão desafiando uma vez mais as forças irresistíveis da luz. A hora final da treva está chegando. Qual será a nossa opção?

    Nesse dramático contexto, em que forças antagônicas se defrontam, a advertência de Léon Denis deve ser reexaminada em toda a sua tremenda significação, ou seja, a de que a trajetória evolutiva da Humanidade não se desenvolve ao longo do tortuoso traçado dos nossos caprichos. Acima de nós, e por nós, velam prepostos de Deus e do Cristo, iluminados pela visão majestosa dos planos divinos. No momento certo, esses poderes entrarão em ação. E tormentosos séculos aguardarão os que insistirem em se opor à marcha irresistível do bem coletivo.

37
O coral da música divina

Diferem substancialmente dos humanos os critérios divinos de aferição do nosso comportamento. Segundo aqueles, o êxito se mede pelo grau do poder que conseguimos arrebatar, pelo número de dígitos que tenha a nossa conta bancária, pelo tamanho do nosso apartamento ou mansão, pela *marca*, enfim, que a nossa passagem deixa entre os homens, independentemente da *qualidade* intrínseca da marca. O cantor anônimo do grupo coral não chega a emergir da multidão, ninguém lhe conhece a identidade; todos se lembram, porém, do nome do tenor ou do soprano que "canta como ninguém" aquela ária particularmente difícil. Num concerto público se anunciam os nomes da orquestra (o ser coletivo), do maestro e do solista, mas ninguém sabe como se chama *aquele senhor de ar severo e tranquilo* que bate o triângulo, uma vez ou duas, ou *aquele outro* que toca uma pequena frase no flautim.

A maravilhosa polifonia divina é música orquestral e coral, na qual Deus é o compositor-maestro, e Jesus, o solista. Não há lugar para segundo regente, nem para outro solista. Perdem-se na desarmonia aqueles que tentam essas posições impossíveis. Uma orquestra não pode ser feita de primeiros violinos, como um grupo coral seria impraticável se composto apenas de prima-donas.

Essa é a lição repetida da história da evolução e esses foram os conceitos básicos que o Cristo deixou implantados no seu legado de bênçãos. Lembremo-nos, por exemplo, de uma das suas últimas lições, quando já reunidos os discípulos para a derradeira ceia.

Era preciso moldar na argila daqueles Espíritos amados a imagem pura da verdadeira humildade, a fim de que, uma vez secado o barro, não descobrissem estarem todos deformados pela vaidade e pelo orgulho. Afinal, eram eles os que conviveram na sua intimidade, sentiram mais de perto o pulsar do seu generoso coração, que sofreram, riram e choraram juntos. Eram os herdeiros da sua mensagem inescrita. Seriam questionados minuciosamente, quer pelos que se mostravam ávidos de conhecer-lhe a mensagem, para ampliar as fronteiras do amor, quer pelos outros, que desejariam esmagar a plantinha tenra, antes que se tornasse árvore frondosa.

Era preciso deixar uma lição inolvidável, exemplificada, dramatizada, cuja cena jamais se lhes apagasse da memória. Daí o ato solene do lava-pés. E como Pedro reagisse à ideia, que se lhe afigurava então inconcebível, de um ser de tão sublimado porte ajoelhado e a banhar-lhe os rudes pés de pescador, Jesus soube fazê-lo aceitar o serviço humilde, de modo a não esquecer, jamais, de que grande seria unicamente aquele que melhor servisse, não o que fosse servido como potentado. Foi ali, naquele momento, que ele admitiu os títulos de Mestre e Senhor, ao demonstrar que a verdadeira grandeza não é incompatível com a legítima humildade. Ele, que era o solista, quis provar que não se aviltava ao cantar o hino do amor maior como simples componente do conjunto coral, sob a regência do Pai.

A lição memorável fixou-se no coração de muitos, e destes irradiou-se lentamente para as multidões. Pedro, a quem mais tarde chamariam impropriamente de *Primeiro Papa* e *Príncipe dos Apóstolos*, não desejou ser mais que um simples ex-pescador; Paulo, doutor da lei, formado aos pés do mestre Gamaliel, voltou a ser mero artesão, sustentando-se no trabalho modesto, deixando o destaque da ribalta iluminada e colorida por um lugar no coral que começava a entoar a música divina do amor. Zaqueu abandonou posição e fortuna, Mateus renunciou à rendosa profissão de coletor de impostos. Todos tiveram, como Lucas, por exemplo, o cuidado de apagarem-se individualmente, para que brilhasse em plenitude a luz divina de que eram portadores. É que não fora assim, a ambição do êxito e do destaque criaria em torno deles sombras tais que essa luz se extinguiria, como de fato se extinguiu na mão de tantos, séculos afora. Não que a luz se apague; ela vem de Deus, mas porque emigra, porque volta às suas origens e deixa nas sombras os que as sombras preferem.

O Evangelho de Lucas é o que Paulo teria escrito se as suas difíceis tarefas entre os gentios não se houvessem revelado tão absorventes. O modesto e abnegado médico grego recebeu respeitosamente o encargo e cumpriu-o, com dignidade escrupulosa e humilde, sem o menor intuito de deixar a marca do seu nome na história daquele período em que as luzes do Céu se projetavam na Terra. Teria sido fácil ceder à tentação de escrever: eu estive lá, eu escrevi este evangelho, eu vi o Cristo ressurreto, eu estou ungido pelo seu olhar, meus ouvidos colheram suas palavras, meus olhos pousaram nele. Em vez disso, vemos no último capítulo do seu relato as minúcias de quem testemunhou a doce passagem de Emaús. Dos dois discípulos que caminhavam para o pequeno vilarejo nas vizinhanças de Jerusalém, o evangelista somente identifica um deles, por nome Cleofas.

Critério semelhante é adotado na redação dos *Atos dos Apóstolos* que ainda hoje muita gente ignora ser de Lucas ou não lhe aceita a autoria, por Emmanuel confirmada.

Esse cuidado, que teve o autor, de esconder-se no anonimato, criou e sustentou por muito tempo o enigma das passagens "nós" nos Atos, como se lê, por exemplo, no capítulo 16:

"Depois de *haverem atravessado* rapidamente a Mísia" — diz o versículo 8 — "*desceram* a Trôade."

Pouco adiante, no versículo 10, a narrativa prossegue:

"Assim que teve esta visão, *partimos* para a Macedônia, certos de que Deus nos *chamava* a pregar-lhes o Evangelho."

Por conseguinte, de Trôade em diante, o narrador (Lucas) juntou-se aos que haviam chegado com Paulo. O "nós" cessa no final do capítulo 16, versículo 40. O 17 retoma a terceira pessoa: "*Passaram* por Anfípolis e Apolônia e *chegaram* a Tessalônica, onde havia uma sinagoga de judeus."

Donde se depreende que Lucas ficara em Filipos. Não cuidou ele, porém, de escrever para a posteridade mencionando ter acompanhado os emissários do Senhor, de Trôade a Filipos. Não pretendeu, pois, em momento algum, que seu nome fosse inscrito nos portais da fama.

Da mesma forma agiu ao narrar os acontecimentos auspiciosos de Antioquia, onde a jovem doutrina ensaiou os seus primeiros passos no território dilatado da *universalidade*, contrariando e esclarecendo a quantos queriam limitar-lhe a ação ao âmbito da comunidade judaica e reduzi-la, dessa maneira, a simples seita, entre tantas que havia no mundo.

A participação do médico grego deve ter sido influente ali, onde acompanhou o desenrolar dos fatos que relata com segurança e propriedade.

Sabemos, hoje, por Emmanuel, que foi Lucas quem propôs que os seguidores de Jesus passassem a chamar-se *cristãos*, o que foi prontamente aceito e se propagou pelo mundo em todos os séculos. No entanto, a narrativa dos *Atos* (11:26) registra singelamente que:

"...em Antioquia é que os discípulos, pela primeira vez, foram chamados pelo nome de cristãos."

Pela contribuição que deixou ao entendimento daquele período memorável, Lucas não pôde escapar ao merecido reconhecimento com que é hoje distinguido. Não, porém, porque buscasse fazer-se lembrado ou porque tivesse desejado deixar na época o sinete da sua presença. Muito pelo contrário, sua presença marcou-se indelevelmente porque fez questão de *ausentar-se* para que mais brilhassem as luzes do Alto, de que foi valoroso propagador. Preservou para nós a narrativa daquelas lutas homéricas, nas quais a vitória não estava em esmagar o adversário, mas em estreitá-lo junto ao coração para aquecê-lo ao calor do amor fraterno.

Contemplando hoje, à luz dos conhecimentos de que dispomos, figuras como a de Lucas, começamos a entender que os verdadeiros líderes não são os que buscam a liderança, grandes não são os que perseguem a grandeza, poderosos não são os que disputam o poder, mas bons são os que buscam cultivar a bondade, amorosos são os que regam discretamente com lágrimas e suor a tenra plantinha do fraternal amor, poderosos são aqueles que aprenderam a exercer a mais difícil forma de poder, que é sobre si mesmos, mas Mestre e Senhor é somente aquele que banha os pés rudes do caminhante sem degradar a sua grandeza e sem envaidecer o discípulo e servidor.

38
Gradações e degradações

"A energia usada em nossos pensamentos" — escreve Bertrand Russell em *Por que não sou cristão* — "parece ter uma origem química; uma deficiência de iodo, por exemplo, transformará um homem inteligente num idiota. Os fenômenos mentais parecem estar ligados a uma estrutura material."

Não é, pois, de admirar-se que o notável matemático e filósofo britânico conclua, enfática e inapelavelmente: "Penso que, quando morrer, apodrecerei e que nada do meu eu sobreviverá".

Lord Russell morreu há poucos anos, quase centenário, pois a Vida Maior concedeu-lhe tempo dilatado para pensar e expor suas ideias. Morreu convicto de que mergulhava para sempre no mistério insondável do nada: iludido, portanto, como viveu, pois identificava o seu eu com o conjunto de células que lhe formavam o corpo físico, quando este é apenas instrumento de trabalho do Espírito imortal.

Mas o eminente pensador não aceitava nem o Espírito nem a imortalidade, e, consequentemente, nem a historicidade do Cristo nem a existência de Deus.

Segundo ele, as provas apresentadas pela pesquisa psíquica acerca da sobrevivência do ser foram "muito mais fracas do que as provas fisiológicas apresentadas pelo outro lado". Admitia que aquelas poderiam, de uma hora para outra, tornar-se tão fortes que "não seria científico descrer da sobrevivência". Não queria dizer com isso, porém, que o problema da imortalidade estivesse resolvido, porque a sobrevivência poderia ser apenas um "adiamento da morte psíquica".

Vemos aqui os extremos a que o ilustrado autor levou o culto da Ciência, da qual sempre esperava as respostas finais. Em tempos outros, durante a Revolução Francesa, cultivou-se com a mesma infantil imaturidade a razão que, na figura de uma jovem cortesã, foi entronizada em altares parisienses e cultuada como divindade em cerimônias oficiadas por sacerdotes transviados.

Por aí se vê como até as mais nobres ideias podem ser aviltadas, a ponto de servirem de rampas de descida às sombras; podendo, no entanto, ser também enaltecidas, constituindo-se em firmes degraus de subida à luz.

Kardec, por exemplo, utilizou-se da ideia da razão, no seu conceito positivo e exato, como suporte do Espírito na busca da verdade. Para ele somente era aceitável o que passasse pelos filtros da racionalidade, pois o irracional é da essência da alienação. Jamais admitiria o endeusamento da razão; colocava-a, porém, no lugar que lhe compete como importante instrumento da especulação. Não mais, contudo, que instrumento.

Quanto à Ciência, também lhe atribuiu importante papel na teoria do conhecimento espírita, situando-a ao lado da Filosofia e da Moral, pois não desejou ver nenhum dos três conceitos divorciados dos demais. Sobre essa base triangular, em que os vértices são Filosofia, Ciência e Moral, edificou, com o concurso de seus companheiros espirituais, a obra de que foi incumbido.

Nós todos, os que pregamos ou escrevemos sobre a Doutrina dos Espíritos, vivemos a repetir esses conceitos básicos, mas estaremos na plena consciência do que eles realmente significam?

Ainda há pouco, 1978, vimos a tomada de posição do movimento francês, que, descartando-se praticamente de um dos aspectos da Doutrina, se descaracterizou como Espiritismo, da mesma forma que o tornaríamos irreconhecível se abandonássemos qualquer dos demais aspectos. O Espiritismo é uma doutrina filosófica, apoiada, explicada e demonstrada pela Ciência experimental, acoplada necessariamente a um consequente substrato ético. De que valeria o saber sem a comprovação, e de que serve o saber comprovado se não produzir o bem?

Invertendo a ordem das coisas, alguns "espíritas" franceses acusaram o Espiritismo de se ter desvirtuado, no Brasil, desviando-se das suas origens e tornando-se místico, desinteressado da Ciência.

Que é misticismo? Tal como no pertinente à Razão ou à Ciência, há gradações e degradações que podem ser aferidas no que se pratica sob o pálio de misticismo. Há o místico desvairado, praticamente alienado, que constrói mundos imaginários para exercer as suas fantasias, e há o místico de pés solidamente plantados na realidade que ora com emoção, sinceridade e fervor, sem jamais ignorar o suporte experimental de sua crença nem a síntese filosófica que a ordena e a encaixa no quadro geral do conhecimento humano. Não precisamos e não devemos temer o rótulo de místicos, se temos consciência da natureza do nosso relacionamento com os poderes espirituais. Deus não questiona os rótulos que nos pregam ou que nós mesmos adotamos: o que Ele faz é testar nossas motivações por meio do complexo de leis impecáveis e invariáveis que instituiu para dirigir o processo evolutivo das incontáveis humanidades que criou e espalhou pelo Universo.

É imperioso, pois, na atual conjuntura — acusados que fomos de "trair" Kardec exatamente por continuarmos a entender o Espiritismo como doutrina tríplice, qual ele o é, na verdade —, não nos deixarmos envolver em controvérsias nem nas ilusões de que também precisamos *provar* o nosso interesse pela Ciência, abandonando a moral evangélica. Na prática do Espiritismo nenhum aspecto é para ser abandonado. É claro que temos de cultivar a Ciência, como é obvio ser necessária a visão global da Filosofia, tanto quanto é indispensável a Moral Cristã. Fora do triângulo não estaremos mais no Espiritismo, e sim à deriva, abandonados ao vento e às correntes das nossas fantasias, talvez brilhantes, mas desarvorados como *Lord* Russell.

39
Terapia homeopata da dor

Recente pesquisa divulgada por uma rede nacional de televisão levou ao público a mensagem da Homeopatia. Para muita gente deve ter constituído surpresa verificar que se o sonho de Hahnemann ainda não é uma realidade universal, como seria desejável, os fundamentos da sua filosofia médica mostram-se perfeitamente consolidados e sua técnica de curar permanece viva, podendo mesmo a qualquer momento explodir num movimento de verdadeira renascença.

Eis a esperança para a Humanidade que, na ânsia de minorar suas mazelas físicas, muitas vezes as agrava com a ingestão indiscriminada de drogas potentes que, em lugar de combater as causas do mal, limitam-se a mascarar os efeitos e a acarretar complicações funcionais.

Ao que tudo indica, Hahnemann-Espírito não deve estar preocupado com a temporária desatenção a que foi relegada a sua doutrina. Era de esperar-se que assim acontecesse, dado que em todo impulso rumo à verdade é preciso levar em conta as imperfeições humanas e as dificuldades que o bem precisa vencer para impor-se. Ele sabe que essa fase é transitória e, na escala dos séculos, efêmera.

Hahnemann integrou a plêiade de Espíritos luminosos que se incumbiram de transmitir a Kardec a síntese de sabedoria que constitui o Espiritismo. Na verdade, foi quem confirmou ao prof. Rivail sua posição no esquema da Terceira Revelação.

Em mensagem mediúnica recebida pela senhora W. Krell,[10] Hahnemann, que informa ter sido a reencarnação de Paracelso, lamenta alguns desvios que então se praticavam na Homeopatia, mas deixa bem claro que sua visão se projeta muito mais longe, ao informar que a Medicina do futuro será essencialmente espiritual.

Não há como contestá-lo. Com toda a sua carga materialista, as mais esclarecidas correntes da Medicina moderna admitem hoje a origem psicossomática de inúmeras doenças, como se pode evidenciar, aliás, pela ampla disseminação de tranquilizantes e psicotrópicos em geral. Já há muito a Homeopatia vem alcançando curas do corpo físico atuando por meio do perispírito. Para isso, os medicamentos são praticamente "desmaterializados" e convertidos em energia pelas sucessivas e numerosas dinamizações.

Não é, porém, para discutir técnicas homeopáticas ou médicas que aqui estamos a conversar. Mesmo porque não temos para isso as necessárias credenciais. É que no silêncio interior da meditação — esse diálogo sem palavras com o nosso próprio eu — ocorreu-nos que a lei da cura pelo seme-

---

[10] KRELL, W. *Rayonnements de la vie spirituelle*, 1875.

lhante, o célebre princípio Hahnemanniano do *similia similibus curantur*, parece operar tanto nos males físicos como nos espirituais. Pois não é quase sempre a dor que nos livra das nossas dores? Não é o amor dinamizado, transubstanciado em energia pura que nos cura dos males que o amor-paixão causou em nós? Não é, tantas vezes, o ódio alheio, ao atingir-nos de maneira inexplicável, que nos redime do ódio que outrora espalhamos? Não é a invalidez de hoje que elimina da nossa ficha cármica o estigma das mutilações que infligimos em irmãos nossos em tempos outros? Não são as carências de agora que nos compensam das penúrias materiais e emocionais que impusemos a criaturas como nós?

Assim como a doença orgânica resulta de abusos que geram desarmonias ou desafinamentos no sistema biológico, assim também as dissonâncias e desarmonias espirituais criam doenças mentais e emocionais gravíssimas resultantes de abusos de natureza ética. Num e noutro caso, o reajuste, ou melhor, a cura deve ser buscada por meio de um remédio que, sem intoxicar a criatura, a leve a provocar em si mesma os sintomas do mal que a infelicitou.

No caso das doenças orgânicas, Hahnemann descobriu que os remédios que curavam eram precisamente aqueles que, tomados por indivíduo sadio, provocavam os sintomas da doença a ser combatida. No caso das mazelas espirituais, o *tratamento*, às vezes um tanto rude, mas sempre justo, que as Leis divinas nos prescrevem, consiste em nos fazer experimentar dores, angústias, aflições e carências que impusemos ao semelhante. Somente assim estaremos em condições de avaliar com lucidez a extensão e profundidade do sofrimento que causamos ao nosso irmão, ou seja, sentindo-o na *própria pele*. E por isso, quem destruiu lares tem seu lar desfeito; quem se apossou de fortunas alheias renasce com as matrizes da miséria material; quem abusou do poder volta nas mais ínfimas camadas da escala social.

Operando, porém, em nível infinitamente mais elevado do que os mecanismos meramente bioquímicos, os dispositivos das leis espirituais não exigem o sofrimento a qualquer preço, implacável e inexorável, para compensar o sofrimento. O objetivo delas é levar o ser humano à compreensão do erro, à conscientização do bem e, portanto, ao exercício equilibrado do livre-arbítrio. Se por um processo espontâneo, resultante de um esforço individual, a criatura é despertada para essa realidade e se entrega com firmeza ao trabalho regenerador, passa a dispor de opções e alternativas marcadas com sinal positivo. Nesse caso, em vez de ter que *destruir* algo em si mesmo — como a sua visão ou a sua família —, o devedor pode dedicar-se a *construir* situações semelhantes àquelas que destroçou no passado. Desmantelou lares? Por que não organizá-los agora e sustentá-los para recolher os que vagam sem rumo e sem agasalho pelas ruas? Sacrificou vidas às suas ambições desgovernadas? Pode agora salvá-las, curando como médico devotado ou como médium de benfeitores espirituais que por ele operam e dão passes ou consolam e orientam.

"Livre-me Deus de aconselhar-te igual processo terapêutico", escreve Samuel Maia. "Não procures *na ação dos contrários* alívio para as tuas queixas. Hás de sarar com o *emprego dos semelhantes*. Alguma vez serei homeopata na minha vida de médico.[11]

Inúmeras vezes as nossas vítimas já seguiram à frente e até mesmo voltam sobre seus passos para ajudarem a servir àquele que as feriu. Não estão mais interessados em se vingar, em receber a restituição na dura lei do "olho por olho", em assistir ao funcionamento do retorno. Mas o que errou deve à lei

---

[11] MAIA, Samuel. *Mudança de ares*, cap. 3, pág. 59, 2ª ed..

a reparação, porque ao fazê-lo criou automaticamente a matriz do resgate. Se não pode desfazer o que fez, poderá sempre refazer a caminhada sem tornar a cair na mesma falha.

Sem dúvida alguma essa reparação será exigida, um dia, na sua forma corretiva, por meio da dor, ou na sua forma construtiva, na dinâmica do amor ao próximo. "Não sairás de lá enquanto não pagares até o último ceitil", advertiu o Cristo. Deus não deseja que a criatura sofra, mas que se redima, pois aquele que erra é escravo do erro. Ele ensinou que o Pai é um Deus de amor e de misericórdia. Nós é que custamos muito a entender isso. Por séculos incontáveis nossos espíritos somente tomaram conhecimento da dor quando a experimentavam em si mesmos e nunca quando a infligiam aos outros. Mas, como estamos todos em Deus, somos partícipes de um universo totalmente solidário e, portanto, o sofrimento que impomos ao semelhante tem que retornar um dia sobre nós. A não ser que, antes disso, resolvamos dissolvê-lo, com todas as sombras que traz no seu bojo, com a pequena lamparina do amor irradiante que conseguirmos acender em nosso espírito.

De repente, a gente irá descobrir, algo perplexo, que a lamparina, com a sua tímida luzinha bruxuleante, com a qual tateávamos nas sombras, virou uma estrela em nossas mãos... Como foi que isso aconteceu? E quando? E onde? Teria sido coincidência, ou foi porque resolvemos, afinal, experimentar a prática da sabedoria intemporal que o Cristo nos ensinou?

CANDEIAS NA NOITE ESCURA

EDIÇÃO	IMPRESSÃO	ANO	TIRAGEM	FORMATO
1	1	1992	10.000	13x18
2	1	1992	10.000	13x18
3	1	1994	10.000	13x18
4	1	2005	500	13x18
4	2	2008	1.500	12,5x17,5
5	1	2011	3.000	14x21
5	2	2014	3.000	14x21
5	IPT*	2024	100	14x21

*Impressão pequenas tiragens

LITERATURA ESPÍRITA

Em qualquer parte do mundo, é comum encontrar pessoas que se interessem por assuntos como imortalidade, comunicação com Espíritos, vida após a morte e reencarnação. A crescente popularidade desses temas pode ser avaliada com o sucesso de vários filmes, seriados, novelas e peças teatrais que incluem em seus roteiros conceitos ligados à Espiritualidade e à alma.

Cada vez mais, a imprensa evidencia a literatura espírita, cujas obras impressionam até mesmo grandes veículos de comunicação devido ao seu grande número de vendas. O principal motivo pela busca dos filmes e livros do gênero é simples: o Espiritismo consegue responder, de forma clara, perguntas que pairam sobre a Humanidade desde o princípio dos tempos. Quem somos nós? De onde viemos? Para onde vamos?

A literatura espírita apresenta argumentos fundamentados na razão, que acabam atraindo leitores de todas as idades. Os textos são trabalhados com afinco, apresentam boas histórias e informações coerentes, pois se baseiam em fatos reais.

Os ensinamentos espíritas trazem a mensagem consoladora de que existe vida após a morte, e essa é uma das melhores notícias que podemos receber quando temos entes queridos que já não habitam mais a Terra. As conquistas e os aprendizados adquiridos em vida sempre farão parte do nosso futuro e prosseguirão de forma ininterrupta por toda a jornada pessoal de cada um.

Divulgar o Espiritismo por meio da literatura é a principal missão da FEB, que, há mais de cem anos, seleciona conteúdos doutrinários de qualidade para espalhar a palavra e o ideal do Cristo por todo o mundo, rumo ao caminho da felicidade e plenitude.

O EVANGELHO NO LAR

Quando o ensinamento do Mestre vibra entre quatro paredes de um templo doméstico, os pequeninos sacrifícios tecem a felicidade comum.[1]

Quando entendemos a importância do estudo do Evangelho de Jesus, como diretriz ao aprimoramento moral, compreendemos que o primeiro local para esse estudo e vivência de seus ensinos é o próprio lar.

É no reduto doméstico, assim como fazia Jesus, no lar que o acolhia, a casa de Pedro, que as primeiras lições do Evangelho devem ser lidas, sentidas e vivenciadas.

O espírita compreende que sua missão no mundo principia no reduto doméstico, em sua casa, por meio do estudo do Evangelho de Jesus no Lar.

Então, como fazer?

Converse com todos que residem com você sobre a importância desse estudo, para que, em família, possam compreender melhor os ensinamentos cristãos, a partir de um momento de união fraterna, que se desenvolverá de maneira harmônica e respeitosa. Explique que as reflexões conjuntas acerca do Evangelho permitirão manter o ambiente da casa espiritualmente saneado, por meio de sentimentos e pensamentos elevados, favorecendo a presença e a influência de Mensageiros do Bem; explique, também, que esse momento facilitará, em sua residência, a recepção do amparo espiritual, já que auxilia na manutenção de elevado padrão vibratório no ambiente e em cada um que ali vive.

Convide sua família, quem mora com você, para participar. Se mora sozinho, defina para você esse momento precioso de estudo e reflexões. Lembre-se de que, espiritualmente, sempre estamos acompanhados.

Escolha, na semana, um dia e horário em que todos possam estar presentes.

O tempo médio para a realização do Evangelho no Lar costuma ser de trinta minutos.

---

[1] XAVIER, Francisco Cândido. *Luz no lar.* Por Espíritos diversos. 12. ed. 7. imp. Brasília: FEB, 2018. Cap. 1.

As crianças são bem-vindas e, se houver visitantes em casa, eles também podem ser convidados a participar. Se não forem espíritas, apenas explique a eles a finalidade e importância daquele momento.

O seguinte roteiro pode ser utilizado como sugestão:

1. Preparação: leitura de mensagem breve, sem comentários;
2. Início: prece simples e espontânea;
3. Leitura: *O evangelho segundo o espiritismo* (um ou dois itens, por estudo, desde o prefácio);
4. Comentários: breves, com a participação dos presentes, evidenciando o ensino moral aplicado às situações do dia a dia;
5. Vibrações: pela fraternidade, paz e pelo equilíbrio entre os povos; pelos governantes; pela vivência do Evangelho de Jesus em todos os lares; pelo próprio lar...
6. Pedidos: por amigos, parentes, pessoas que estão necessitando de ajuda...
7. Encerramento: prece simples, sincera, agradecendo a Deus, a Jesus, aos amigos espirituais.

As seguintes obras podem ser utilizadas nesse momento tão especial:

- *O evangelho segundo o espiritismo*, como obra básica;
- *Caminho, verdade e vida; Pão nosso; Vinha de luz; Fonte viva; Agenda cristã.*

Esse momento no lar não se trata de reunião mediúnica e, portanto, qualquer ideia advinda pela via da intuição deve permanecer como comentário geral, a ser dito de maneira simples, no momento oportuno.

No estudo do Evangelho de Jesus no Lar, a fé e a perseverança são diretrizes ao aprimoramento moral de todos os envolvidos.

FEB editora
Livro espírita para um novo mundo
www.febeditora.com.br
@febeditoraoficial
@febeditora

Conselho Editorial:
Carlos Roberto Campetti
Cirne Ferreira de Araújo
Evandro Noleto Bezerra
Geraldo Campetti Sobrinho – Coord. Editorial
Jorge Godinho Barreto Nery – Presidente
Maria de Lourdes Pereira de Oliveira
Miriam Lúcia Herrera Masotti Dusi

Produção Editorial:
Elizabete de Jesus Moreira

Revisão:
Davi Miranda

Capa:
Ingrid Saori Furuta

Projeto Gráfico e diagramação:
Bruno Reis Souza

Foto de Capa:
www.istockphoto.com/jsp007

Normalização Técnica:
Biblioteca de Obras Raras e Documentos Patrimoniais do Livro

Esta edição foi impressa no sistema de Impressão pequenas tiragens, em formato fechado de 140x210 mm e com mancha de 100x170 mm. Os papéis utilizados foram o Off white 80 g/m² para o miolo e o Cartão 250 g/m² para a capa. O texto principal foi composto em fonte Adobe Garamond 12/15 e os títulos em Adobe Garamond 31/30. Impresso no Brasil. *Presita en Brazilo.*